Jean-Baptiste Morin de Villefranche

Die Astrologie der Häuserherrscher

Klassiker der Astrologie

JEAN-BAPTISTE MORIN DE VILLEFRANCHE

Die Astrologie der Häuserherrscher

Astrologia Gallica, Buch XXI

Die Kabbala der zwölf astrologischen Häuser

Übersetzt und bearbeitet
von Manfred Magg

ISBN 978-3-89997-282-5

Umschlag: Judith Machnow, Tübingen
Druck: SDL, Berlin

Zu beziehen über:
Chiron Verlag, Postfach 1250, D-72002 Tübingen
www.chiron-verlag.de

Inhalt

Zum Geleit

Dieses Buch gleicht einer längst verlorenen Schrift: Sie ist bedeutungsvoll, nicht leicht verständlich und legendär. Ihr Verfasser erlebte die Drucklegung des beinahe 800 Seiten umfassenden Gesamtwerks, an dem er dreißig Jahre offensichtlich mit viel Herzblut geschrieben hatte, nicht mehr. Prinzessin Marie Louise von Gonzaga, die spätere Königin von Polen, hielt es immerhin für so bedeutend, dass sie die Veröffentlichung finanzierte. Sie hatte den Verfasser noch persönlich kennengelernt und sich von ihm astrologisch beraten lassen. Der Inhalt des gedruckten Buches war lange Zeit nur wenigen zugänglich. Das lag an seinem umständlichen Latein und an dem zugrunde liegenden geozentrischen Weltbild. Es galt schon in den Jahren des Erscheinens und am Beginn des Zeitalters der Aufklärung als hoffnungslos veraltet.

Für uns Astrologen ist der Inhalt heute dennoch wertvoll. Die Auseinandersetzung um das kosmische Modell ist für uns dabei meist zweitrangig, da für die Horoskoparbeit der Geburts- oder Standort im Zentrum des Geschehens steht. Insofern geht die Astrologie so gut wie immer von einem geo- oder anthropozentrischen Bezugspunkt aus. Eine theoretische oder philosophische Begründung der planetaren Zusammenhänge steht daher heute weniger, man könnte auch sagen zu wenig, im Fokus des Interesses.

In unserer bewegten Zeit interessiert vor allem das, was in der Praxis taugt und sich bewährt. Dem Ungeduldigen empfehle ich deshalb, nicht nach den ersten Seiten zu kapitulieren, sondern sie zunächst quer zu lesen und mit dem zweiten Teil zu beginnen, um den ersten dann bei Gelegenheit nachzuholen. Ja, auch der ist noch ein dickes Brett, aber Sie werden sehen: Es lohnt sich. Das war jedenfalls meine Erfahrung, nachdem ich die verschiedensten Übersetzungen gelesen hatte. Meine Überlegung dabei war lediglich: Der Inhalt ist wertvoll, aber für den heutigen Leser müsste man ihn stilistisch auffrischen. – Damit war das Motiv für diese Überarbeitung geboren.

Die Zusammenhänge bezüglich eines vermeintlichen *Primum Caelum* mit den Planetensphären würde *Morin* heute wahrscheinlich etwas anders denken. Deshalb wäre hier meine Empfehlung, nicht gleich zu rufen: »Alles falsch!« Man könnte sich stattdessen aufgefordert fühlen, die Verbindungen selbst neu zu ordnen. Auch die immerhin beinahe vierhundert Jahre alten Kategorisierungen von Gut und Böse sowie die Bedeutungen der Häuser würde *Morin* heute sicher weiter differenzieren und die inneren Dispositionen des Betroffenen mit in den Blick nehmen. Wer die von ihm gefundene Technik und Interpretationen der Herrscherverbindungen jedoch in der Praxis anwendet, erfährt eine erstaunliche Stimmigkeit. Nicht umsonst fanden sie fragmentarisch Eingang in das Handwerkszeug der Astrologiepraxis. Insofern lohnt sich ihr Studium allemal.

Morins Werk fußt auf den Grundlagen der klassischen Astrologie. Da eine Einführung in diese den Rahmen des Buches sprengen würde, habe ich mich im Anhang auf die Darstellung von einigen, wie ich meine, notwendigen Themen aus *Morins* Sicht beschränkt. Bei Bedarf empfehle ich ein begleitendes Nachschlagen in den unter der Literatur angegebenen Schriften.

Ein großer Vorteil unserer Zeit liegt darin, dass uns Informationen und Quellen viel leichter zugänglich sind als den Generationen vor uns. Dadurch erschließen sich uns altes astrologisches Wissen und Erfahrung, auf die wir aufbauen und von wo aus wir weiterstreben können. Ich hoffe, dass dieses Buch dazu einen begeisternden Beitrag leistet. Mein besonderer Dank gilt für die Endkorrektur des Manuskripts schließlich meiner Kollegin, der Nagolder Astrologin Monika Schanz, und meinem Verleger Reinhardt Stiehle.

Manfred Magg
Aichelberg, 12. Mai 2021

Astrologia Gallica

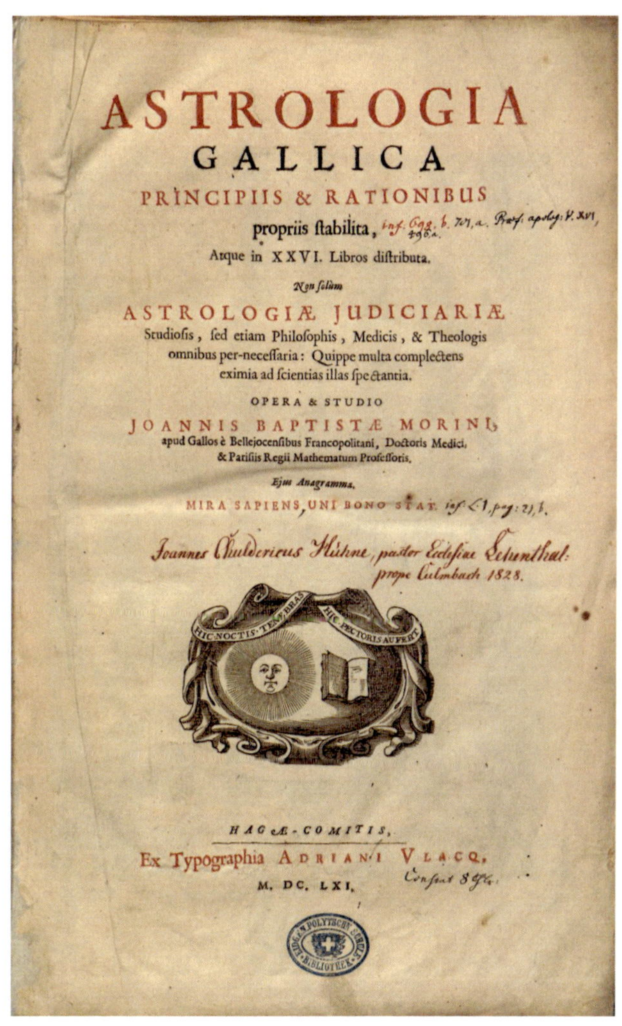

ASTROLOGIA
GALLICA
PRINCIPIIS & RATIONIBUS
propriis ſtabilita,
Atque in XXVI. Libros diſtributa.

Non ſolùm

ASTROLOGIÆ JUDICIARIÆ
Studioſis, ſed etiam Philoſophis, Medicis, & Theologis
omnibus per-neceſſaria: Quippe multa complectens
eximia ad ſcientias illas ſpectantia.

OPERA & STUDIO
JOANNIS BAPTISTÆ MORINI,
apud Gallos è Bellejocenſibus Francopolitani, Doctoris Medici,
& Pariſiis Regii Mathematum Profeſſoris.

Ejus Anagramma.

MIRA SAPIENS, UNI BONO STAT.

HAGÆ-COMITIS,
Ex Typographia ADRIANI VLACQ,
M. DC. LXI.

Vorrede Buch XXI

Bei der Beurteilung der Auswirkungen der Himmelskörper auf die sublunare Welt[1] stützten sich die Astrologen der Antike teils auf Prinzipien, die erfunden und in der Natur unbegründet waren. Der andere Teil war zwar in der Natur begründet, wurde aber schlecht verstanden und noch schlechter angewandt.

Zur Gruppe der erfundenen Prinzipien gehören die *Fines, Dekane, Fancies*, die verschiedenen Unterteilungen und die jährlichen, monatlichen und täglichen Abläufe[2]. Dazu zählen auch die anderen wertlosen Gegenstände, die von den Chaldäern, Arabern und Ägyptern eingeführt wurden.

Zur zweiten Gruppe gehören die universellen Signifikatoren, die Cardanus[3] die Signifikatoren von essenzieller Natur nennt. Mit ihnen haben sich die Astrologen bisher am meisten befasst.

Tatsächlich ist es ganz natürlich, dass man die Sonne als analog zu einem besonderen, öffentlichen Ansehen und zu Königen betrachtet. Es ist auch klar, dass Jupiter für Geld stehen sollte, Venus für die Frau, Merkur für die mentalen Eigenschaften und so weiter. Das wurde für die anderen Planeten in den vorigen Büchern bereits erklärt. Zweifellos repräsentiert die Sonne den Vater. Sie ist das universelle Kennzeichen für das Ansehen, was die Astrologen daraus

---

[1] Morins Weltbild orientierte sich an Aristoteles und war geozentrisch. Gemäß der Denkweise des Mittelalters und seiner Zeit unterschied es die Welt in zwei Sphären: die himmlische, die durch den Menschen nicht beeinflusst werden kann und die sublunare unterhalb des Mondes. Gemäß den Elementen gibt es die vier sublunaren Sphären: des Feuers, der Luft, des Wassers und der Erde. Sie gehören zum Lebensbereich des Menschen und der Natur.

[2] Hier verwirft Morin verschiedene, antike Feinunterteilungen des Tierkreises. Siehe Glossar.

[3] Cardanus ist der lateinische Name von Girolamo Cardano (1501–1576). Seine Kommentare zu Ptolemäus *Tetrabiblos* erschienen 1553 in lateinisch und wurden mehrfach aufgelegt.

ableiten wollen, ist jedoch absurd. Sie behaupten, dass in einem Horoskop die Ehre und das Ansehen des Geborenen, ebenso wie sein Vater (zumindest bei einem Tageshoroskop), hauptsächlich aus der Sonnenstellung zu beurteilen sei. Dies gelte unabhängig davon, in welchem Haus sich die Sonne befindet oder über welches sie herrscht.

Die seitherigen Astrologen sind der Ansicht, dass bei den Direktionen die Sonne immer als Indikator für die Eigenart und das Ansehens des Vaters betrachtet werden sollte. Für die anderen Planeten gilt in Bezug auf das, wofür sie als Signifikatoren angesehen wurden, das Gleiche. Die Himmelskörper sind jedoch universelle Ursachen und haben für alle einzelnen Dingen der sublunaren Welt die gleiche Gültigkeit. Das heißt, sie bevorzugen keines. Dennoch verleihen sie Letzteren eine Bestimmung.

Obwohl es verschiedene Arten der Bestimmung dieser Einflüsse gibt, können sie im Horoskop auf die beiden Hauptklassen, die Position und Herrschaft reduziert werden. Die Himmelskörper beeinflussen und verändern alle Dinge, die in die sublunare Welt hineingeboren werden.

Dies geschieht durch ihre astrologische Stellung in einem bestimmten Haus, durch ihre Aspekte, durch die Herrschaft über ein Haus und durch Aspekte mit den Häuserherrschern. Dies alles wird im Geburtsmoment festgehalten. Ein Planet kann im Horoskop nur das anzeigen und verursachen, was wir mit diesen Bestimmungsmethoden erfassen. Das wird später genauer erklärt.

Die Wahrheit dieser Methode befindet sich manchmal in den Aphorismen der antiken Astrologen. Sie beurteilten die planetarischen Auswirkungen oft durch ihre Hauserstellung und herrschaft sowie durch die Aspekte mit den Häuserherrschern. Diese Aphorismen sind teilweise jedoch verwirrend und mit falschen Vorstellungen vermischt. Dadurch blieb diese Wahrheit in ihrer Einfachheit verborgen und wurde nicht offensichtlich. Wie uns Ptolemäus in Band 3, Kap. 1 des TETRABIBLOS zeigt, ist die Prognosemethode mithilfe der Kombination der Sterneinflüsse in Verbindung mit den Zeichen und Häusern wahrscheinlich alt. Sie wurde vermutlich von seinen ägyptischen Vorgängern sowie den Chaldäern und Arabern verwendet. Dies erklärt uns Cardanus in seinem Kommentar.

Von ihnen erhielten die Griechen eine von Adam und Noah überlieferte Astrologie, die aber bereits in einen unreinen Zustand geraten war. Ptolemäus lehnte diese Methode ab, nicht weil er sie für verwirrend, schwierig und zu unbestimmt hielt. Er dachte, sie bezöge sich mehr auf die Auslegung von Einzelheiten als auf allgemeine Vorschriften. Cardanus gibt jedoch in seinem Kommentar zu, dass es eine viel einfachere Methode wäre, wenn sie detailliert ausgearbeitet werden könnte.

Ptolemäus behandelte deshalb nur die allgemeinen Prinzipien, die er selbst herausgefunden hatte. Er nahm die Position der Sonne in einem Horoskop als Repräsentant der Gesundheit und bezog den ganzen Himmel darauf. Die anderen Hauptsignifikatoren, das sind die Planeten, behandelte er in gleicher Weise. Wenn er den Herrscher des MC oder des Aszendenten mit der Sonne oder dem Mond verglich, verfuhr Ptolemäus dennoch häufig nach dieser sehr alten Methode.

Die Verwirrung ist weitaus größer, wenn man in Gesundheitsfragen die Position der Sonne mit dem gesamten Himmel vergleicht. Im TETRABIBLOS wird außerdem behauptet, dass man aus dem Zustand des Aszendenten und seines Herrschers über die Gesundheit und Länge des Lebens urteilen kann. Wenn wir die wahre Astrologie verfolgen und ihren Prinzipien treu bleiben, müssen wir die alte Methode wiederbeleben, wie sie von Adam und Noah der Nachwelt überliefert wurde.

Nachdem ich dieses erkannt und die fiktiven, falschen Elemente ausgesondert habe, gebe ich nun mit Gottes Willen die Grundlagen einer kritisch geprüften Astrologie an die Nachwelt weiter. In diesem Buch werden die verschiedenen Bestimmungen der Himmelskörper vorgestellt. Von diesen Bestimmungen haben die Astrologen der Antike noch nicht geträumt, aber in ihnen ist die ganze Wissenschaft des Urteilens und Voraussagens enthalten. Auf den folgenden Seiten werde ich ihre Verwendung klar darstellen.

Teil 1

Das Primum Caelum oder der oberste Himmel und die Himmelskörper als universelle Ursachen

1.1 Der oberste Himmel Primum Caelum und seine der Ordnung entsprechende oder essentielle Determination

Alle Philosophen stimmen darin überein, dass die Himmelskörper universelle Ursachen sind. Sie tun das zu Recht, weil die universellen Ursachen, zusammen mit den ihnen untergeordneten Kräften, alle natürlichen Wirkungen hervorrufen. Tatsächlich wirken die Himmelskörper akzidentiell. Das heißt, ihre Wirkungen hängen von den jeweiligen Umständen oder himmlischen Bewegungen und den sich daraus ergebenden Raumverhältnissen ab.

Für das Caelum und die Sonne sind sie deshalb akzidentiell, weil sie einen Menschen, ein Pferd oder einen Baum usw. hervorbringen, auf die sie formal wirken. Wenn die Sonne ihren spezifischen Einfluss ausgießt, ist diese Handlung für die Sonne selbst nicht akzidentiell, sondern entspricht ihrem ureigenen Wesen. Das kann der Mensch beobachten.

Stünde jedoch die Sonne in einem imaginären Raum außerhalb des Caelum, wäre sie immer noch in der Lage, ihren spezifischen Einfluss und ihre Wärme zu verströmen, obwohl sie kein Gegenstand empfangen würde. Deshalb ist die Sonne für diese Wirkung keine universelle Ursache, sondern eine bestimmte Ursache: Sie erzeugt den Effekt ohne die Mitwirkung eines untergeordneten Vermittlers und unabhängig davon, ob ihre Wärme oder ihr spezifischer Einfluss von einem Objekt empfangen wird oder nicht.

Deshalb ist klar, jede universelle Ursache ist für sich selbst unabhängig von ihren akzidentiellen, bewegungs- und raumabhängigen Wirkungen. Sie ist zwar in der Lage, die Wirkungen zu bestimmen, hat aber keinen Einfluss auf ihre eigene formale Wirkung. Letztere wurde im Wesentlichen vom Schöpfer der Natur bestimmt.

Die Natur ist eine mit einer aktiven Kraft ausgestatteten Einheit. Daher betrachten wir zunächst die Determination des Primum Caelum und danach die der Planeten und Fixsterne.

Das Primum Caelum hat die größte Möglichkeit, mit einer anderen natürlichen Ursache der verschiedenen Regionen, das heißt, mit denen der himmlischen, ätherischen und elementaren Welt zusammenzuwirken. Wie in den vorigen Büchern bereits nachgewiesen, umfasst es alle anderen natürlichen Kräfte. Daher ist das Caelum eine erste natürliche Ursache.

Es kann eingewendet werden, würden das Primum Coelum und alle anderen Himmelskörper außer der Sonne und Erde vernichtet, dann würde die Sonne immer noch Licht, Wärme und ihren spezifischen Einfluss abgeben, die Erde damit beleuchten und erwärmen. Sie hätte dann immer noch Einfluss auf die Erde und irgendein Tier, unabhängig vom Primum Caelum. Daher muss die Sonne diese Dinge unabhängig vom Primum Caelum bewirken. Das Caelum könnte durch seine Anwesenheit und Existenz nicht das verleihen, was durch seine Abwesenheit oder Vernichtung nicht weggenommen würde. Daher wäre das Primum Caelum keine erste natürliche Ursache.

Ich würde darauf entgegnen, dass es wahr ist, dass die Sonne, wenn man eine solche Hypothese zulässt, die erwähnten Eigenschaften trotzdem abgibt. Sie sind für die Sonne formal bezüglich der Erwärmung, Erleuchtung der Erde und sogar in großer Entfernung aktiv.

Diese Wirkungen sind nicht himmlische, sondern elementare und entsprechen der Natur des Feuers. Die Sonne hat keinen Einfluss auf die Erde oder ein Tier, außer einem sehr allgemeinen und nicht spezifischen, wie auf die Gesundheit, den Beruf usw.

Es existiert kein spezifischer Einfluss der Sterne, außer dem, der durch ein Haus, das heißt, durch ihre Stellung im Horoskop hervorgerufen wird. Der Einfluss der Sterne kommt immer durch diese Häuser.

Man könnte argumentieren, dass die Primärhäuser oder Tierkreisabschnitte, die diesen Einfluss bedingen, nichts anderes als eine Teilung des gesamten die Erde umgebenden Raumes sind und dass sie für die Erde die Pole, Achsen und der Äquator sind. Durch sie würde dieser Raum geteilt. Der Einfluss der Sonne oder eines Planeten käme auf diese Weise zustande.

Ich würde antworten, es gibt keinen *aktiven* Einfluss durch die Primärhäuser oder Tierkreiszeichen. Sie sind nichts anderes als leerer Raum und daher inaktiv. Genauer gesagt gibt aber es dennoch einen bestimmenden Einfluss durch sie.

Tatsächlich haben wir bereits früher gezeigt, dass das System der Zeichenteilung nicht nur auf die Planeten, sondern auch durch sich selbst einen aktiven Einfluss ausübt, beispielsweise wenn die verschiedenen Zeichen am Aszendenten oder in den anderen Häusern erscheinen. Die Zeichen sind jedoch nicht Teile eines unbeweglichen Raums, da sie als Primärhäuser oder -räume beweglich sind. Sie sind auch keine Teile der Erde, weil die Erde unbeweglich ist und daher keine Pole, Achsen oder einen Äquator aufweist.

Tatsächlich sind die Zeichen jene Teile des Primum Caelum, die von den Planeten bei der Schöpfung determiniert wurden, das heißt, diese sind die ersten Ursachen von sekundären Ursachen.

Als erste und zweite Ursachen hängen sie voneinander ab und wirken immer gleichzeitig. Daraus folgt, dass die Sterne ohne die Mitwirkung des Primum Caelum keinen spezifischen Einfluss ausüben können, auch wenn sie Licht und Wärme abgeben.

Daraus wird deutlich, dass es eine Sache ist, Wärme abzugeben und in irgendeiner Weise auf andere Dinge einzuwirken, eine andere jedoch, etwas tatsächlich zu erwärmen und zu beeinflussen. Für Letzteres ist ein Objekt erforderlich, das für die Wärme und den Einfluss empfänglich ist, für die Erstere ist es nicht notwendig, da dieser Abfluss ohne Objekt stattfinden kann. Er würde für imaginäre Räume gelten, in denen wahrscheinlich die Kraft des Primum Mobile entsteht, wenn man solche Räume für möglich hält.

Ferner ist klar, dass das Primum Caelum die erste Ursache aller himmlischen Einflüsse ist sowie des Lichts und der Wärme. Es enthält eindeutig Licht, Wärme und andere elementare Eigenschaften, sonst wäre es nicht in die zwölf Zeichen teilbar und hätte nicht die unterschiedlichen elementaren Naturen.

Himmelsphären und Tierkreiszeichen

Manfred Magg

Abbildung 1: Die Himmelssphären nach Sacrobosco, 1539

In der ersten Hälfte des 17. Jahrhunderts, zu Jean-Baptiste Morins Lebzeiten, war das alte geozentrische Weltbild noch aktuell und entsprach der ptolemäischen Tradition. Es besagte, die Erde steht im Zentrum des Universums still und gehört dem sublunaren Bereich an. Über sie dehnen sich die sieben Planetensphären aus, beginnend bei Luna (Mond) bis hin zum Saturn. Christlich gesehen werden diese von den Engelwesen als himmlische Intelligenzen gelenkt.

Über die sieben Himmel wölben sich weitere Sphären: das Primum Caelum oder Firmament mit den Tierkreiszeichen und Fixsternen. Die Sphäre des Primum Caelum, manchmal auch Primum Mobile oder »erster Beweger« genannt, dreht sich einmal am Tag um die Erde und von ihm werden die Tierkreiszeichen, Fixsterne und Planeten mitgerissen.

Die Bewegungen und Wirkungen des Primum Caelum, der Sonne, des Monds und der Planeten gehen von Gott aus. Er steht ihnen als absolute erste Ursache vor, wobei das Primum Caelum das Handeln der Lichter und Planeten bewirkt. Ihre Wirkungen stimmen mit der ersten natürlichen Ursache des Primum Caelum überein. Daher ist es der »erste Himmel«, die äußerste Sphäre des Universums und von den natürlichen Ursachen Gott am ähnlichsten.

Das lateinische Caelum, der »Himmel«, bezieht sich bei Morin auf die Tierkreiszeichen und die Platzierung von Sonne, Mond, Planeten und Fixsternen in einem bestimmten Moment. Sein Tierkreis ist derjenige, den wir heute den tropischen nennen, denn bezüglich der Tierkreiszeichen schreibt er in Buch 14:

> Jedes Zeichen oder Domilzil eines Planeten wird durch die konstante Zeichenposition in Bezug auf den Schnittpunkt der Ekliptik (Äquinoktien) und des Äquators festgelegt. Das Primum Caelum ist in die Domizile oder zwölf Zeichen der sieben Planeten unterteilt. Diese Aufteilung erfolgt durch die Ekliptikpole.
>
> Bei der Geburt der Erde determinierte die Sonne von ihrem Ort am Widderanfang die verschiedenen Punkte des Caelum. Dadurch ergaben sich in Bezug auf die Erde unterschiedliche Abschnitte und Elemente. Sie gliedern das Caelum für die Position der Sonne oder eines Planeten in zwölf verschiedene einflussreiche Kräfte. Diese wirken bei der Geburt eines Menschen auf ihn ein.
>
> In den Triplizitäten der Zeichen, welche dieselbe Natur haben, sind die Zeichen und Kardinalpunkte Widder, Krebs, Waage und Steinbock die Haupttugenden. In der feurigen Triplizität bildet der Widder den kardinalen Anfang, in der Wassertriplizität der Krebs und so weiter für die anderen.

Vom kardinalen Zeichen Widder drängt das Äquinoktium zum Solstitium Krebs und von dort wieder zum Äquinoktium Waage. Folglich ist der Widder das erste Zeichen der Natur sowie das erste bezüglich des Adels und der Tugend. Er ist dies nicht nur durch seine Zahl, wie viele glauben.

Wenn zum Schöpfungszeitpunkt das Sonnenapogäum des Widderbeginns am Anfang der Waage gewesen wäre, gäbe es keinen Zweifel, dass das Waagezeichen entgegen allen Meinungen der Astrologen feurig gewesen wäre. Das ist eine bemerkenswerte Tatsache und dies bestätigt am stärksten die Erschaffung der Welt zur Zeit des Frühlingsäquinoktiums.

Bei den Solstitium-Zeichen dominiert der Krebs über den Steinbock, weil im Ersteren eine aktive Kälte und im Letzteren eine passive Trockenheit herrscht. In derselben Triplizität folgt nach dem Kardinalzeichen ein anderes Zeichen bezüglich der Tugend. Es nimmt an der Natur dieser Triplizität eher teil, weil es dem kardinalen Zeichen nachfolgt und dasselbe Trigon (Triplizität) sinister (nachfolgend) besetzt.« *Aus: Astrologia Gallica, Buch 14, Kapitel 6 und 9.*

1.2 Die ordnungsgemäße oder essentielle Determination der Planeten und Fixsterne

Wie der Schöpfer der Natur dem Primum Coelum eine der Ordnung entsprechende oder essentielle Determination[4] und aktive Kraft verlieh, so wurde auch den sieben Planeten eine essentielle Natur und Qualität gegeben. Deshalb handelt die Sonne auf solare Weise: Sie gibt Wärme, Licht und ihren spezifischen Einfluss ab. Der Mond wirkt auf Mondweise. Ähnliches gilt für die restlichen Planeten und verschiedenen Fixsterne.

Wie schwierig es ist, die Art und Qualität der Planeten zu bestimmen, wurde bereits beschrieben. Dies ergibt sich aus der Tatsache,

[4] Die essentielle Determination drückt sich vor allem in den Würden aus: Domizil, Erhöhung, Triplizität, Exil, Fall oder in der peregrinen Stellung.

dass ein Planet durch dieselbe essenzielle Determination in einem Metall, einer Pflanze, einem Tier oder Menschen jeweils etwas anderes bewirkt. Darüber hinaus zeigt ein Planet bei verschiedenen Menschen, wie auch bei derselben Person, unterschiedliche Wirkungen. Außerdem verursacht ein Planet in jedem Zeichen etwas anderes.

Ähnliches gilt für die Wirkungen der Aspekte, die auf einen Planeten fallen. Unterschiedliche Aspekte von verschiedenen Planeten können unterschiedliche Ergebnisse erzielen. Da die unterschiedlichsten Kombinationen auftreten, kann die Interpretation der Qualität und Wirkung eines Planeten äußerst schwierig sein. Da er aber in allen Arten von Objekten gleichermaßen wirkt, ist es sinnvoll, wenn man sie beim Menschen besonders sorgfältig und genau untersucht. Das Ergebnis kann danach zu einem besseren Allgemeinverständnis und zu einer größeren Urteilssicherheit führen.

Wenn sich ein Planet in seinem Domizil befindet, vermischt sich seine Natur nicht mit der eines anderen. Das gilt besonders, wenn er keinen Aspekt zu einem anderen Planeten bildet. Die Sonne im Löwen leidet zum Beispiel unter keiner Beimischung der Eigenschaften eines anderen Zeichens, da sowohl der Planet als auch das Zeichen solare Natur besitzen.

Die Primärhäuser oder Räume des Horoskops beeinflussen diese Wirkungen weder direkt noch wirken sie aktiv mit ihnen. Sie modifizieren den Einfluss der Himmelskörper lediglich nach ihrer Art.

Die elementare Natur von Sonne und Mond ist leicht zu verstehen, da jedes der beiden Lichter nur zu einem Zeichen gehört. Bei Saturn, Jupiter, Mars, Venus und Merkur ist das schwieriger. Sie regieren jeweils zwei Zeichen, die sich von Natur aus widersprechen. Der Saturn regiert zum Beispiel Steinbock und Wassermann. Der Erstere ist kalt und trocken, der Letztere warm und feucht.

Beschreiben Astrologen den Charakter der Planeten und ihre Herrschaft über ein Haus, sind sie es gewohnt, schnell zu behaupten, dass der Saturn im Steinbock kalt und trocken ist. Sie sagen, er macht die Dinge kalt und trocken. Im Wassermann ist er aber warm und feucht, denn die Qualität des Planeten folgt auch hier der Natur des Zeichens, das er einnimmt. Sie tun dasselbe mit allen Planeten.

Aber wie kann man behaupten, der Saturn sei von Natur aus kalt und trocken, wenn er nicht nur kalt und trocken, sondern auch warm und feucht ist?

Hier irren sich die Astrologen, die bei der Beurteilung von Herrschaft und Charakter nicht berücksichtigen, welchem Element der Planet im aktuellen Zeichen zugeordnet wird. Stattdessen behaupten sie, dass z. B. Saturn und Mars im Widder gleichermaßen warm sind, wie es Origanus behauptet[5].

Außerdem ist wichtig, dass sogar jene Zeichen, in denen keine Planeten stehen, noch einen Einfluss auf den Aszendenten und auf andere Bereiche im Horoskop ausüben. Sie wirken auf elementare Weise gemäß der Natur, die man als *Initio Mundi* bezeichnet.

Ihr spezifischer Einfluss folgt jedoch der Natur ihres Herrschers. Zum Beispiel regiert Saturn sowohl Steinbock als auch Wassermann. Deren elementare Natur widerspricht sich zwar, aber jedes Zeichen beeinflusst saturnal, weil Saturn der Herrscher über beide ist.

Saturns elementare Natur zeigt sich am deutlichsten im Steinbock. Im Steinbock macht er die Dinge sehr kalt und trocken. Im Wassermann lassen seine Kälte und Trockenheit nach. Das kommt durch die entgegengesetzten Eigenschaften des Wassermanns von Wärme und Feuchtigkeit. Daher können wir sagen, dass Saturn nach außen offensichtlich kalt und trocken ist. An sich und latent ist er jedoch in gleicher Weise warm und feucht.

Wir können daraus schließen, dass der Einfluss von Saturn zwar warm, kalt, feucht oder trocken sein kann, seine elementare Natur ist jedoch kalt und trocken. Aus diesem Grund bezieht sich der Wassermann nur auf die Natur seines Einflusses. Der Steinbock betrifft auch die Natur seines Elements.

---

[5] Der genannte ist David Origanus von Amsterdam (1558–1628), Professor für Griechisch und Mathematik an der Universität in Frankfurt an der Oder. Das angesprochene, damals sehr bekannte Werk ist wahrscheinlich *Astrologia Naturalis. Origanus.* Es befürwortete die Rotation der Erde, wurde aber vor allem für seine Ephemeriden *Novae Brandenburgicae* in den Jahren 1595–1630 bekannt. Es war der erste Versuch, Ephemeriden zu veröffentlichen.

Deshalb enthält der Steinbock mehr von der Natur des Saturns als der Wassermann. Aus diesem Grund ist der Saturn im Wassermann weniger schädlich als im Steinbock. Im Steinbock zeigen sich die schädlichen Qualitäten des Elements. Im Wassermann wird durch die elementare Natur des Zeichens Luft ein Gleichgewicht hergestellt. Bei anderen Planeten verhält es sich ähnlich.

1.3 Ein alter Fehler, der bei Astrologen häufig vorkommt

Astrologen haben immer angenommen, dass zu den essenziellen Determinationen der Planeten, wie zum Beispiel zur Sonne, der Vater, Ehemann, König, Adlige, Ruhm, Prestige und Reichtum gehören. Cardanus gibt sogar an, dass die aufgezählten Bedeutungen jeweils ihrer essenziellen Natur entsprechen würde. Ebenso stünde der Mond für die Mutter, Königin und das gemeine Volk. Jupiter stünde für Wohlstand, Merkur für die mentalen Qualitäten und ähnliches gelte für die anderen Plane-ten.

In den Büchern der antiken Astrologen finden wir häufig solche Aussagen. Die allgemeinen Kennzeichnungen der Planeten gelten besonders für solche, die als Grundlage für die Vorhersagen aus dem Geburtshoroskop und den Direktionen dienen. Bei Ptolemäus heißt es im TETRABIBLOS Buch 3, Kap. 4, wo er von seinen Eltern spricht:

> Die Sonne und Saturn bezeichnen den Vater ihrer Natur nach, Mond und Venus die Mutter. Die Beziehung dieser Gestirne unter sich und zu anderen bezeichnen die äußeren Verhältnisse der Eltern.

Ähnliches äußert er in Buch 4, Kap. 3. Dort schreibt er, der Mond stehe für die Ehefrau und die Sonne für den Ehemann. Aus der Stellung dieser Planeten ließe sich das Schicksal der Eltern voraussagen. In Buch 3, Kap. 18 spricht er über die mentalen Qualitäten des Geborenen:

> Die Anlagen des Geistes, d.h. die Eigentümlichkeiten der Gemütsart und des Denkvermögens entnehmen wir im Einzelnen den Verhältnissen Merkurs. Die Eigenschaften des seelischen, ethischen Teiles hingegen und der innerlichen Kräfte schöpfen wir aus den größeren Gestirnen, d.h. dem Mond und den diesen unterstützenden Planeten, sei es durch eine Konjunktion oder durch die Bildung von Aspekten.

Bisher haben die Astrologen diese Anweisung befolgt, aus der Stellung der Sonne oder des Saturn ihr Urteil über den Vater des Geborenen gefällt und aus der des Mondes oder der Venus über die Mutter.

Die mentalen Qualitäten beurteilte man aus der Natur des Merkur und die moralischen Qualitäten aus der des Mondes. Das galt unabhängig davon, welche Häuser diese Planeten besetzten und über welche sie herrschten. Die Astrologen betrachteten dabei nur ihre himmlische Stellung und ihre Beziehungen zu irgendeinem anderen Planeten ohne Rücksicht auf die Horoskophäuser oder ihre Herrscher.

Die Anweisung von Ptolemäus ist jedoch nicht ganz richtig und die Astrologen der Antike haben die analogen Bedeutungen der Planeten übertrieben. Jeder Planet unterscheidet sich zwar durch seine Natur und Qualität von den anderen, aber gleichzeitig hat jeder verschiedene Analogien gegenüber den unterschiedlichen Klassen der sublunaren Dinge, die seiner essenziellen Natur entsprechen.

Die Sonne könnte dabei für die Gesundheit, den Vater, den Rang, die Position usw. stehen. Diese Analogien beruhten auf der essenziellen Natur der Sonne. Da der Einfluss der Sonne dabei völlig universell ist, würde die Sonne nicht nur auf die Gesundheit, den Vater, Ehemann, König oder die Position hindeuten. Das gelte, obwohl ihre Natur Personen und Umstände anzeige, die glorreich, öffentlich und herausragend sind sowie nicht verborgen oder von geringer Bedeutung.

Wegen dieser allgemeinen Gleichwertigkeit kann man nicht davon ausgehen, dass die Sonne für eines dieser Dinge mehr bedeutet als ein anderes. Wenn die Sonne genommen wird, um für alles zu stehen, das heißt für den Vater, Ehemann, die Stellung im Leben usw., wäre dies absurd und entspräche nicht der Erfahrung.

In der Tat macht Cardanus diese Idee in Kap. 6. seines LIBER DE REVOLUTIONE im Kommentar lächerlich. Dort stellt er fest, dass Ptolemäus viel Verwirrung gestiftet hat, weil er einem Signifikator mehrere Bedeutungen zugewiesen hat. Den Mond bezeichne er zum Beispiel als Signifikator des Körpers, der Moral, der Gesundheit und des Menschen, außerdem der Ehefrau, Mutter, Tochter, Dienstmagd und Schwestern. Cardanus fragt dort:

> Wie muss denn der Zustand des Mondes im Horoskop eines Menschen sein, dessen Ehefrau bei einer Geburt starb, der aber selbst ein langes Leben führte, viele gesunde Töchter hatte, weggelaufene Dienstmädchen, die einen gesunden Körper hatten, gleichzeitig eine Mutter mit einem schlechten moralischen Charakter, die jung starb?

Ptolemäus, Cardanus und andere waren im Irrtum, als sie darauf abzielten, dass man bei einem Tageshoroskop und aus der himmlischen Stellung der Sonne sowie bei einem Nachthoroskop und der Stellung des Saturns ein Urteil über den Vater des Geborenen fällen kann. Das ist absurd, denn wenn die Sonne zum Beispiel im Löwen steht und ein Trigon zu Jupiter oder Venus hätte, würde an diesem Tag nirgendwo auf der Erde ein Kind geboren werden, dessen Vater unglücklich und nicht langlebig wäre. Umgekehrt gelte bei schlechter Platzierung der Sonne der Fall, dass er unglücklich und kurzlebig wäre.

Da dieser Aspekt über mehrere Tage besteht, wäre es töricht anzunehmen, dass in dieser Zeit jedes geborene Kind die gleiche Art von Vater haben würde. Dies widerspricht nicht nur der Erfahrung, es macht auch die Bedeutung der Häuser zunichte. Dasselbe würde für den Merkur in Bezug auf die geistigen Eigenschaften gelten, solange seine himmlische Stellung günstig oder ungünstig ist. Dasselbe gilt für Jupiter in Bezug auf die Finanzen usw.

Ich denke, jetzt ist klar, dass sich jeder Planet auf alle Individuen bezieht, zu denen aufgrund ihrer Natur eine Analogie besteht. Diese Determination ist eine essenzielle, universelle und allgemeine. Für den Menschen hat sie keine größere Bedeutung als für ein Tier. Die Analogien werden mit den Angelegenheiten der Tiere genauso geteilt, wie mit den Menschen. Ein Planet bezieht sich nicht mehr oder weniger auf einen bestimmten der vielen Menschen, die gleichzeitig auf der Erde geboren werden. Er bezieht sich nicht mehr auf das Leben als auf den Tod, auf den Vater nicht mehr als auf den Ehemann, auf die Freunde nicht mehr als auf die Feinde.

Die Einzelheiten eines Planeten werden im einzelnen Horoskop erst durch seine Position oder Herrschaft über spezifische Häuser und durch die Aspekte mit deren Herrschern bestimmt.

Wenn sich die Determinationen wegen der Häuser auf Dinge beziehen, zu denen der Planet eine Analogie hat, wird die daraus resultierende Wirkung mit großer Sicherheit eintreten. Ein Beispiel hierfür wäre, wie die Sonne aufgrund ihrer Stellung im vierten Haus oder ihrer Herrschaft darüber auf die Eltern hinweist.

Ein anderes Beispiel wäre der Hinweis der Sonne auf den Beruf durch ihre Herrschaft über das zehnte Haus. Merkur weist durch seine Stellung im ersten Haus oder durch seine Herrschaft darüber auf die mentalen Qualitäten hin und so weiter.

Da diese Signifikatoren häufig gemäß ihren Analogien eine spezifische Determination haben, täuschten sich die Astrologen. Was in Wirklichkeit eine akzidentielle, wegen ihrer Stellung ihnen zufallende Bedeutung war, fassten sie als unveränderliche Wahrheit auf.

Betrachten Sie dazu mein eigenes Horoskop: Ich wurde bei Tag geboren. Sonne, Mond, Merkur, Venus und Saturn befinden sich im zwölften Haus und im Quadrat zum Mars, dem Herrscher des Aszendenten.

Der Mond ist darin der Signifikator der Eltern, weil er der Herrscher des vierten Hauses und insbesondere meiner Mutter ist. Das gilt, weil sich der weibliche Mond im weiblichen Zeichen der Fische befindet.

Die Separation des Mondes von der Konjunktion mit Saturn, bei der er danach auf keinen anderen Planeten mehr zuläuft, deutet auf eine Abneigung meiner Eltern mir gegenüber hin. Das gilt insbesondere für meine Mutter und eine unfaire Behandlung durch sie.

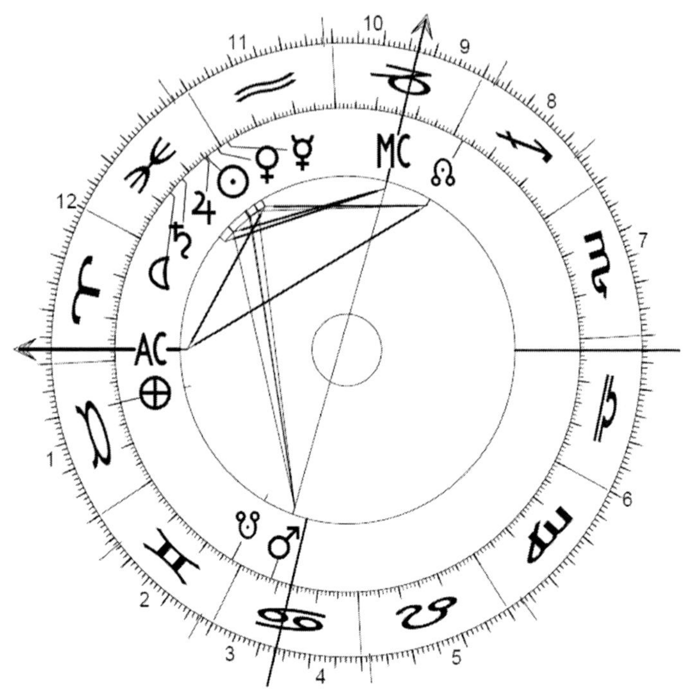

Abbildung 2: Jean-Baptise Morin, 23.2.1583, 8:48 LMT, Villefranche, F

Die Sonne steht in enger Konjunktion mit Jupiter. Dies führte dazu, dass Kardinal Richelieu mein heimlicher Feind war, da die Sonne mit Saturn im zwölften Haus steht. Die Sonne hier ist der Indikator für mächtige Feinde und die von ihnen verursachten Verletzungen. Das gilt aber nicht für meinen Vater, obwohl ich bei Tageslicht geboren wurde. Mein Vater mochte mich tatsächlich nie, tat mir aber niemals etwas absichtlich zuleide.

Dieses Horoskop ist ein Beispiel dafür, dass sich die universellen Signifikatoren nicht auf eine bestimmte Situation oder ein bestimmtes Ereignis beziehen. Ihre Bedeutung und Anwendung bleiben für sich betrachtet zu allgemein.

Man kann den Einwand erheben, dass die Sonne für sich allein betrachtet eine zu universelle Bedeutung hat, um sich auf den Vater zu beziehen. Auch Mond und Merkur seien in sich zu universell, um sich auf die Moral oder das Mentale zu beziehen. Tatsache ist jedoch, dass der Mond bestimmten moralischen Eigenschaften gegenüber gleichgültig ist, da diese durch das Zeichen, in dem er sich befindet, und durch den Herrscher dieses Zeichens bestimmt werden. Die moralischen Eigenschaften unterscheiden sich je nach Eigenschaften des Zeichens und seines Herrschers.

Ptolemäus, Cardanus und andere gehen daher zu Recht davon aus, dass der Mond und der Herrscher des Zeichens, in dem er steht, die moralische Natur anzeigen. Gleiches gilt etwa für den Merkur bezüglich der mentalen Qualitäten usw.

In der Vergangenheit haben sich die Astrologen auch in dieser Angelegenheit getäuscht. Man kann sagen, dass der Einfluss des Mondes variiert, denn er kann in Abhängigkeit vom Zeichen, durch das er sich bewegt, und durch den Zeichenherrscher jeweils etwas anderes anzeigen. Der Einfluss durch das Zeichen ist aber immer universell und gilt für die ganze Welt. Die Stellung des Mondes im Zeichen zeigt nicht mehr die Moral an, als sie die Mutter, Ehefrau usw. anzeigt. Um sich speziell auf sie und nicht auf etwas anderes zu beziehen, ist eine spezielle Determination erforderlich.

Eine spezifische Determination ergibt sich daraus, über welches Haus der Mond im Horoskop herrscht und welche Aspekte er mit den Herrschern der Häuser bildet, auf die sich diese Angelegenheiten beziehen.

Der Herrscher des Aszendenten, der sich der Sonne nähert, die immer eine Affinität zu Ansehen und Ehren hat, bedeutet für den Geborenen Ehren und Ansehen. Wenn sich der Aszendent dem Jupiter nähert, der eine Beziehung zu Geld hat, zeigt er Reichtum an. Wenn er sich der Venus nähert, die einer Frau entspricht, zeigt dies eine Ehefrau an. Diese wäre sicher seine Ehefrau, wenn sich Venus im siebten Haus befindet oder sie die Herrscherin des siebten Hauses ist. Daher sollte man sorgfältig darauf achten, in welchen Häusern und Herrschaftsgebieten sich die Planeten befinden.

Wichtig ist auch, ob die Venus einen Planeten, der eine Analogie zur Bedeutung des Hauses besitzt, glücklich oder unglücklich aspektiert. Weiter ist zu beachten, in welcher himmlischen Stellung der andere Planet ist und welche Determination er hat. Aus allem lässt sich eine sehr genaue Prognose ableiten, denn hierin liegen die Geheimnisse der Astrologie.

Darüber hinaus ist der Mond im Krebs beheimatet. Da der Mond und Krebs die gleiche Grundnatur haben, ist der Mond dort keinem anderen Planeten wegen dessen Herrschaft untergeordnet.[6]

Berücksichtigen Sie auch die Tatsache, dass der Merkur für die Dauer seines Aufenthalts im gleichen Zeichen auf der ganzen Welt dieselben mentalen Qualitäten hervorbringt. Das läuft sicherlich der Erfahrung zuwider, da sich dies tatsächlich zu jeder Stunde oder sogar zu jeder Minute verändert.

Merkur ist gemäß der Analogie ein allgemeiner Signifikator für den Geist. Zum Beispiel würde er wegen seiner Stellung im oder seiner Herrschaft über das erste Haus als individueller Signifikator des Geistes gelten. Dies gilt, da Merkur im ersten Haus traditionell in seinen Freuden steht[7]. Dadurch würde er sich sowohl auf die geistigen Realitäten als auch auf den gesamten Allgemeinzustand des Geistes, Körpers und der Seele beziehen. In einem solchen Fall wäre die Wirkung von Merkur auf die geistigen Eigenschaften eine sehr starke.

Wenn Merkur durch Herrschaft oder Aspekte in Beziehung zum Aszendenten oder dem AC-Herrscher steht, hat dies ebenfalls einen starken Einfluss auf die mentalen Eigenschaften. Je stärker diese Beziehungen sind, desto größer wird sein Einfluss auf die geistigen Eigenschaften sein. Wenn es keine solchen gibt, wird Merkur keinen Bezug zu den geistigen Eigenschaften haben. Gleiches gilt für die Eigenschaften der anderen Planeten und Häuser.

Man kann einwenden, dass Ptolemäus an mehreren Stellen zunächst die Position der allgemeinen Signifikatoren in Bezug auf die

---

[6] Die Verwandtschaft zwischen den Planeten und Tierkreiszeichen werden im Anhang in Anlehnung an Ptolemäus dargestellt.

[7] Eine Tabelle zu den Freuden befindet sich Anhang.

Eckpunkte der Horoskopachsen berücksichtigt hat und sie deshalb als wichtige Faktoren der Determination betrachtet werden sollten. Diese Determinationen sind jedoch zu allgemein, da es im Horoskop nur vier Eckpunkte gibt. Mit ihnen allein ist keine spezifische Determination möglich. Sie ist nur unter Verwendung der zwölf Häuser der Fall. Wenn keine spezifische Determination möglich ist, kann der Mond den moralischen Charakter nicht eher anzeigen als die Mutter oder Ehefrau.

Wie aus den oben zitierten Passagen hervorgeht, folgte weder Ptolemäus noch irgendein anderer Astrologe unserer Methode. Stattdessen berücksichtigten sie bei der Bewertung der mentalen Qualitäten nur den Merkur und seinen Herrscher, unabhängig davon wie die Stellung des Merkur im Horoskop war. Das bedeutet, sie berücksichtigten nicht die spezifischen akzidentiellen Determinationen.

Ihre Methode muss falsch sein, denn solange der Mond im siebten Haus bleibt, müssten die gleichen Dinge für Mutter *und* Ehefrau vorhergesagt werden, was sinnlos wäre. Selbst wenn der Mond Herrscher über das vierte Haus und damit Kennzeichen für die Eltern, insbesondere für die Mutter wäre, befindet er sich dennoch im siebten Haus und bezieht sich durch die Determination des Hauses deutlicher auf die Ehefrau als auf die Mutter. Gleiches gilt auch für die anderen Planeten und Häuser.

1.4 Die akzidentielle Determination des Primum Caelum

Nachdem wir die aktive Determination oder Bestimmung der Himmelskörper besprochen haben, werden wir ihre akzidentiellen Determinationen, das heißt die von den jeweiligen himmlischen Bewegungen und Raumverhältnissen abhängigen Determinationen betrachten[8]. Wir beginnen dabei zunächst mit der Fixsternsphäre oder

[8] Akzidentiell heißt zufällig. Unter der akzidentiellen Determination oder Bestimmung eines Planeten versteht man eine räumlich- und zeitlich abhängige

der ersten Ursache der Natur. Die Himmelskörper determinieren aktiv die sublunare Welt, während Letztere die Determination der Himmelskörper nur passiv ermöglichen. Dies geschieht, weil die sublunare Welt direkt von den Himmelskörpern beeinflusst wird und nicht umgekehrt. Dennoch können die Objekte der sublunaren Welt wiederum selbst handeln und zu besonderen Ursachen eigener Wirkungen werden.

Das Primum Caelum ist die wirksame und alles bestimmende Ursache. Es determiniert den besonderen Einfluss der einzelnen Tierkreiszeichen, die Eigenart der Planeten und die Natur der Elemente. Diese Determination wird von der sublunaren Welt vom Anfang bis zum Ende der Welt aufgenommen.

Wenn der Naturzustand aufhört, die Sterne sich auflösen und die Elemente im Feuer verschmolzen sind, wird ein neuer Himmel und eine neue Erde entstehen. So sagt es die Heilige Schrift. Es wird eine andere Welt kommen, mit weniger Unordnung und Veränderungen. Sie determiniert die Natur jedes Planeten und Fixsterns durch die Bewegung dieser Körper unter dem Primum Mobile.

Astrologen haben immer angenommen, dass zu den essenziellen Determinationen der Planeten, wie zum Beispiel zur Sonne, der Vater, Ehemann, König, Adlige, Ruhm, Prestige und Reichtum gehören. Cardanus gibt sogar an, dass die aufgezählten Bedeutungen jeweils ihrer essenziellen Natur entsprechen würde. Ebenso stünde der Mond für die Mutter, Königin und das gemeine Volk. Jupiter stünde für Wohlstand, Merkur für die mentalen Qualitäten und ähnliches gelte für die anderen Plane-ten. ewig und die ganze Welt bestimmt wurde, wurde es auch der Abschnitt des Primum Caelum, den die Sonne bei der Geburt eines Tieres oder Menschen einnimmt. Er wird die Sonnenstellung genannt und sie bestimmt die

Determination. Hierbei sind die Stärken oder Schwächen sowie die Eigenschaften eines Planeten von Zuständen abhängig, in denen er sich in dieser Zeit befindet. Sie ergeben sich meist durch die direkte oder rückläufige Bewegungsart, die Hausstellung und Aspekte, zu denen auch die Verbrennung und Casimi gehören. Im Gegensatz dazu berücksichtigt die essentielle Determination oder Bestimmung seine Stellung im Tierkreiszeichen.

spezifische Sonnenqualität des Menschen während seiner gesamten Lebenszeit.

Zur selben Zeit und in gleicher Weise bestimmte die Saturnposition die spezifische Saturnqualität des Geborenen, die Jupiterposition die Jupiterqualität und so weiter für die anderen Planeten und Fixsterne. Diese Positionen gelten für das ganze Leben des Geborenen anstelle der Planeten selbst, so wie die Zeichen anstelle ihrer herrschenden Planeten für die ganze Welt weiterhin wirken, solange der Zustand der Welt so bestehen bleibt.

Da eine erste natürliche Ursache eine einzelne und universelle Bestimmung hervorrufen kann, erhalten die Spiegelpunkte und Oppositionen des Saturn sowie seine rechten und linken Aspekte ebenfalls eine spezifische Saturnbestimmung. Bei jedem dieser Punkte ist für das Individuum etwas von der Saturnqualität zu spüren. Das zeigen die Planetenübergänge und -aspekte der Direktionen, Revolutionen und Transite über sie. Das kann man wunderbar beobachten.

Wie diese Dinge tatsächlich geschehen, ist schwer zu verstehen. Lucio Bellanti behauptete gegenüber Pico della Mirandola[9], dass die Eigenschaften der Planeten den Teilen der Fixsternsphäre irgendwie eingeprägt wurden und dort erhalten geblieben sind.

Er irrt sich, weil erstens die Himmelssphäre die erste natürliche Ursache ist, während die Planeten sekundäre Ursachen sind, und eine erste Ursache nichts von einer sekundären erhält oder passiv aufnimmt.

Zweitens liegt er falsch, weil sich die Himmelssphäre dann ständig ändern würde. Tatsächlich bleibt sie aber unveränderlich.

Drittens liegt er falsch, weil die qualitative Kraft des Saturn in einem Geburtshoroskop während des gesamten Lebens am gleichen Platz bleibt.

---

[9] Giovanni Pico della Mirandola (1463–1494) war Autor der viel gelesenen Kritik der Astrologie: *Disputationes adversus Astrologium Divinatricem.* Ihren Verteidigern gehörte Lucio Bellanti aus Siena an, der um 1498 *De Astrologica Verdate Liber Questionum* und *Astrologiae Defensio contra Ioannem Picum Mirandulum* schrieb. In dieser Arbeit behauptete er, Pico sei kein großer Gelehrter.

Wenn die anderen Planeten, insbesondere der Mond, während des gesamten Lebens des Geborenen über den Standort des Saturn wandern würden, müssten sie die Qualität des Saturn an diesem Punkt löschen. Sie würde unwirksam oder verzerrt oder es ergäbe sich zumindest ein Vermischen der Qualitäten. Dies käme zustande, weil es keinen Grund gibt, warum die Himmelssphäre die Natur des Saturn mehr als die eines jeden anderen Planeten bevorzugen sollte.

Viertens liegt er falsch, weil die Planeten bei ihren Bewegungen durch die Zeichen die Natur der Zeichen nach ihren eigenen Vorstellungen zerstören oder vollständig verzerren würden. Tatsächlich zeigt das Zeichen des Aszendenten, auch wenn es keinen Planeten enthält oder ein Aspekt auf ihn fällt, immer noch eine direkte Auswirkung auf den Geborenen gemäß seiner wahren Natur. Daher hinterlässt kein Planet in einem Zeichen einen bleibenden Eindruck, der seine Qualität verändert.

Schon Kepler bestreitet in seinem LIBER DE TRIGONO IGNEO Kap. 10[10], dass eine Planetenkonjunktion dem Bereich der Fixsternsphäre, in dem sie konjungieren, wegen der immensen Entfernungen etwas einprägen. Stattdessen behauptet er, dass die Kraft einer Konjunktion aus dem Eindruck besteht, den sie auf die sublunare Natur und ihre göttlichen Fähigkeiten macht. Das Caelum bilde dazu nichts als einen einfachen Hintergrund. In Kapitel 8 schreibt er:

> Die Wirkung einer Konjunktion ist nicht die Arbeit der konjungierenden Planeten, von denen nur Licht und Wärme kommen. Es ist eher die Handlung der sublunaren Natur selbst. Denn obwohl die konjungierenden Planeten die sublunare Natur beeinflussen können, tun sie dies nicht als natürliche Wirkstoffe, die Qualität oder Kraft abgeben. Die Beeinflussung geschieht in der Art, wie ein Objekt die Sinne beeinflusst und wie das Licht und die Farbe die Augen beeinflussen. Das Objekt trifft dabei auf den entsprechenden Sinn in der sublunaren Natur.

Kepler schreibt Tieren, Pflanzen und sogar der Erde selbst einen

---

[10] Johannes Kepler: Gesammelte Werke, Bd. 4 und 1.

solchen Sinn zu. Er befähige sie, für die Aspekte der Planeten empfänglich zu sein und sie wahrzunehmen. Er behauptet, dass die wahrgenommenen Konjunktionen, Oppositionen und Quadrate dazu führen, dass die sublunare Welt von ihnen zu den Bewegungen und Aktivitäten angeregt wird. Diese werden als Auswirkungen solcher Aspekte bezeichnet. In seinem 1606 erschienenen Buch LIBER DE NOVA STELLA IN PEDE SEPENTARII[11] führt er aus:

> Die sublunaren Fähigkeiten reagieren nicht wahllos auf alle Aspekte. Sie haben die Wahl zwischen harmonischen Ähnlichkeiten. Durch ihre Anregung leitet die Erde Dämpfe ab, mit einem Vergnügen, das dem ähnelt, das ein Tier beim Ejakulieren des Samens empfindet.

In Kapitel 10 des JUDICIUM DE TRIGONO IGNEO erklärt er:

> Wenn die Planeten jene Punkte überqueren, die vom Aszendenten, der Sonne oder dem Mond besetzt waren, ist der Geborene eher geneigt, die Aktivitäten auszuführen, die seinen Zeit- und Ortsbedingungen entsprechen. Bei der Geburt konnte das jedoch nur durch den Eindruck der gesamten kosmischen Konstellationen auf die sensitiven, tierischen Anlagen geschehen.

Kepler glaubte, dass das Caelum alle Dinge beeinflusst und seine Konstellationen den Geborenen einprägt. Zudem glaubte er, dass die Beeinflussung die gesamte Erde betrifft und dass sie die Fähigkeit besitzt, diese Prägung aufzunehmen.

Diese Meinung ähnelt der Dummheit seiner Mondbetrachtung, deshalb weisen wir seine Argumente zurück. Kepler beweist keine seiner Behauptungen, am allerwenigsten, dass jedem sublunaren Körper einschließlich der Erde selbst eine göttliche Fähigkeit innewohnt und dass sie in der Lage ist, die Anwesenheit eines Himmelskörpers zu spüren, zu erkennen und mit seinen körperlichen Empfindungen darauf zu reagieren. Dies geschehe, ohne dass eine kosmische Ursache an der Reaktion beteiligt sei.

Kepler behauptet, dass diese Fähigkeit nicht nur insofern rational

---

[11] Johannes Kepler: Gesammelte Werke, Bd. 4 und 1.

ist, als sie die himmlischen Aspekte sowie ihre Perioden wahrnimmt und voneinander unterscheidet. Weiter ist er der Ansicht, dass sie zwischen mehreren möglichen Aspekten wählen kann. Dies wäre die Eigenart eines freien Vermittlers, dem die eine oder andere Handlung gleichgültig ist, was seiner Hypothese widerspricht. Er gibt auch keinen Grund an, warum diese Fähigkeit eher den einen Aspekt als einen anderen auswählen würde.

Wenn seine Behauptung lautet, dass sie nur durch harmonische Aspekte angeregt wird, wäre sie falsch, denn wenn nur die harmonischen Aspekte ausreichen würden, um Effekte in der sublunaren Welt zu erzeugen, würde dieselbe Konstellation immer dieselben Wirkungen erzeugen. Dann wäre es egal, von welchen Planeten der gleiche Aspekt gebildet wird, sei es nun ein Quadrat, eine Opposition oder andere. Wir wissen aber, dass ein Jupiter-Mars-Quadrat eine Sache, während ein Saturn-Mars-Quadrat eine andere bewirkt. Der bewirkte Unterschied liegt nicht alleine am Aspekt, sondern an der unterschiedlichen Natur von Saturn und Jupiter.

Darüber hinaus kann die Wahrnehmung eines Objekts nicht ohne die Aufmerksamkeit der Fähigkeit erfolgen. Das zeigen unsere eigenen Empfindungen deutlich. Wie achtet die Fähigkeit einfacher Menschen auf diese Dinge, obwohl sie diese nicht kennen und nicht wissen, was eine Konjunktion und Opposition, ein Trigon oder harmonischer Aspekt ist? Inwiefern können Blinde und Gehörlose auf etwas aufmerksam werden, wenn eine Konjunktion, Opposition und ein Quadrat unter dem Horizont auftritt?

Wenn die Wahrnehmungsfähigkeit zu Wut, Lust, Mord und anderem erregt werden kann, wird dann der Aufmerksame davon nicht stärker angeregt?

Dem widerspricht, dass der scharf beobachtende Astronom zwar die kosmischen Konstellationen mit eigenen Augen wahrnimmt, dadurch aber nicht zu irgendetwas angeregt wird. Die Beobachtung der Sterne wäre sonst ziemlich gefährlich.

Die kosmische Wahrnehmungsfähigkeit im Menschen muss etwas anderes sein als der Intellekt. Sie muss weitaus göttlicher und überlegener sein als dasjenige, was Kepler den Planeten und der

Erde zuschrieb. Wenn das Caelum nichts zur Geburt beiträgt, wie kommt es dann, dass der Charakter der Individuen jeweils unterschiedlich ist? Der Unterschied resultiert nicht allein aus der genannten Fähigkeit, die für jedes Individuum gleich ist, noch aus der Unterschiedlichkeit des Samens. Tatsächlich stimmt der Charakter immer mit dem Geburtshoroskop überein und der Mensch erhält bei der Geburt eine Einprägung, die aus den Himmelskörpern fließt.

Schließlich könnte auf die gleiche Weise geleugnet werden, dass die Sonne Erde und Menschen erwärmt, aber dass sie in Wirklichkeit durch die ihnen innewohnenden göttlichen Fähigkeiten erwärmt werden. Dies würde auch geschehen, wenn die Sonne anwesend wäre. Warum sollte diese Fähigkeit in Bezug auf Wärme nicht so funktionieren wie auf andere Einflüsse, die der Sonne zugeschrieben werden?

Deshalb ist die Stellung der Sonne im Löwen und des Saturn im Wassermann oder Jupiter im Stier etc. so wirksam. Im Löwen verdoppelt sich die Stärke der Sonne, während sich die Stärke von Saturn im Wassermann verdoppelt und so weiter.

Die Qualität von Sonne und Saturn sind entgegengesetzt und bilden zueinander die stärkste Opposition. Wenn Saturn im Löwen mit der Qualität der Sonne behaftet ist, erzeugt er eine unglückliche Wirkung. Andere Kombinationen, die sich nicht feindlich gegenüberstehen, wie Saturn im Steinbock oder in der Waage, werden zu Zwischenwirkungen führen. Auf die Bestimmungen des Himmels durch Planetenkonjunktionen und andere Aspekte werden wir später noch näher eingehen.

Der Himmel ist natürlich von der Art der einzelnen sublunaren Dinge bestimmt, die seinen Einfluss erhalten. Beim Menschen stehen die Wirkungen mit den ihm innewohnenden Anlagen und Fähigkeiten im Einklang. Bei einem Pferd müssen die Wirkungen mit den Anlagen des Pferdes in Einklang stehen. Das Gleiche gilt für Pflanzen und Mineralien.

Schließlich wird das Caelum im Geburtshoroskop durch die Lage der verschiedenen Häuser bestimmt. Dadurch erzeugt es je nach Individuum akzidentielle, das heißt stellungs- und ortsabhängige Eigenschaften sowie Ereignisse, zu denen dieser Mensch neigt. Zum Beispiel macht ein Widder im ersten Hause gallig, gewagt, großzügig, Stier sinnlich, Zwillinge klug. Das gilt ebenso für die anderen Zeichen, in die der Aszendenten, das MC oder eine andere Häuserspitze fällt.

Wir können sehen, dass die Himmelskörper das Individuum im Hinblick auf die essenzielle Wirkung aktiv orientieren. Das Individuum wird aber seinerseits passiv für geeignete akzidentielle, das heißt von den Planetenstellungen in den Häusern abhängige Eigenschaften und Ereignisse determiniert.

Der Mensch erhält dadurch vom Caelum eine Prägung, die mit akzidentiellen Eigenschaften verbunden ist und die zu unterschiedlichen Reaktionen auf diese Bedingungen führt. Dabei ist die Bedeutung des Zeichens umfassender als die der Planeten. So beruht die Bedeutung des Krebses auf der Tatsache, dass sich der Mond hier in seinem Domizil befindet. Jupiter steht dort erhöht und Mars in der Triplizität.

Außerdem hat der Grad des aufsteigenden Zeichens größere Bedeutung für den Geborenen als der Herrscher des Aszendenten oder eines Planeten im ersten Hause. Dies wird deutlich, wenn wir den aufsteigenden Grad dirigieren, da die Aspekte auf diesen Grad mächtiger sind als die auf den Herrscher des Aszendenten. Für das MC gilt das gleichermaßen.

1.5 Die akzidentielle Determination der Planeten und Fixsterne

Die Planeten und Fixsterne als bewirkende Ursachen unterliegen mehreren akzidentiellen Determinationen.

Erstens werden die Planeten und Fixsterne durch die Zeichen determiniert. Obwohl sich die Sonne in einem Zeichen entfalten muss, ist es gleichgültig, in welchem es geschieht. Ihrer Stellung in bestimmten Zeichen wie dem Widder entspricht jedoch der Determination ihres eigenen Wirkens. Tatsächlich haben die Sonne und das Widderzeichen die gleiche Determination füreinander. Das gilt für den Herrscher des Zeichens und für das Zeichen selbst. Dabei gilt:

Ein Tierkreiszeichen wirkt nach der Art seines Herrschers, da beide dieselbe Natur haben.

Diese Tatsache bildet die Grundlage jener Lehrbuch-Aphorismen, die angeben, was ein Planet im Tierkreiszeichen eines anderen Planeten durch die Kombination ihrer Eigenschaften bewirkt. Man sollte jedoch beachten, dass die Planeten Saturn, Jupiter, Mars, Venus und Merkur jeweils zwei Zeichen angehören. Daraus ergibt sich, dass die Wirkung der Sonne im Wassermann nicht dieselbe ist wie im Steinbock.

Zweitens wird das Wirken eines Planeten durch den Kontakt mit anderen Planeten und Fixsternen determiniert.
Zum Beispiel wirkt der Saturn gegenüber Mars, Venus, dem Auge des Stiers (Aldebaran) oder dem Herzen des Skorpions (Antares) gleichartig. Steht er jedoch in Konjunktion mit einem von ihnen, verändert sich das Wirken der Beteiligten in einer Weise, als wären sie Partner bei der gleichen Handlung.

Später werden wir die Determinationen durch Konjunktionen und andere Aspekte im Detail betrachten. Die beiden gerade gegebenen Determinationen sind universelle. Aus ihnen kann nichts Spezifisches geschlossen werden, da sie sich nur auf den Himmelszustand des Planeten beziehen. Gleiches gilt für ihre Beziehung zu den sublunaren Dingen. Für eine individuelle Aussage sind die universellen Determinationen zu undifferenziert.

Diese beiden Determinationen können sowohl die universelle als auch die besondere Wirkung der Planeten unterstützen oder beeinträchtigen. Das werden wir später genauer erläutern. Diese Tatsache ist die Grundlage aller antiken astrologischen Aphorismen, die angeben, was ein Planet in Konjunktion, im Sextil, Quadrat, Trigon oder in Opposition mit einem anderen Planeten bewirkt. In dieser

Angelegenheit haben sie sich geirrt, indem sie nur aus der Betrachtung des kosmischen Zustandes, der für die ganze Erde ähnlich und universell ist, besondere Wirkungen vorhergesagt haben. Solche Vorhersagen sind jedoch falsch, wenn nicht der individuelle und irdische Zustand der Planeten bezüglich ihrer Stellung in den Häusern und ihrer Herrschaft über die Horoskophäuser berücksichtigt werden.

Drittens werden die Planeten durch die Art der betroffenen sublunaren Dinge beeinflusst.
Das haben wir bereits im Zusammenhang mit dem Primum Caelum festgestellt. Daher stammt von Aristoteles das berühmte Zitat: *Sol et homo generant hominem.* – Die Sonne und ein Mensch erzeugen einen Menschen. – Es ist wahr, dass der Sohn eines Königs etwas anderes ist als der Sohn eines Bauern.

Viertens werden die Planeten durch die Horoskophäuser wie auch durch andere Möglichkeiten determiniert.
Diese Determinationen sind spezifische, weil sie sich auf eine besondere Person oder ein bestimmtes Ding beziehen. Darüber hinaus werden die Planeten von den Häusern durch vier verschiedene Arten determiniert: durch ihre tatsächliche Stellung in den Häusern, durch ihre Würden, Aspekte und Antiszien. Da es drei Arten von Würden gibt, kann sich ein Planet in einem bestimmten Haus in seinem Domizil, in Erhöhung oder seiner Triplizität befinden.

Danach folgen nochmals zwei Überlegungen zu den Determinationen der Herrschaft und Stellung.

1. sollten die entsprechenden Bedeutungen jedes Planeten berücksichtigt werden, die mit diesem verbunden sind. Wenn zum Beispiel der Herrscher des Aszendenten in Konjunktion mit der Sonne stünde, würde er sich wegen dessen Determination auf das Prestige des Geborenen beziehen.

2. sollte bei dem anderen Planeten berücksichtigt werden, welche Determinationen sich für ihn aus dem Horoskop ergeben. Wenn der Herrscher des ersten Hauses eine Konjunktion mit der Sonne

als Herrscher vom zwölften Haus bildet, lassen sie Krankheit oder mächtige verborgene Feinde erwarten.

Diese Dinge werden später ausführlicher behandelt. Außerdem werden wir zeigen, welche der verschiedenen Determinationen die wichtigsten sind. Gerade in diesen Bewertungen liegen die Hauptgeheimnisse der Astrologie, die den Alten völlig unbekannt waren.

Später werden wir auch erklären, was ein Planet durch seine Natur und seinen Himmelszustand anzeigt: durch das Zeichen, das er einnimmt, den Herrscher, dem er untergeordnet ist, und durch seine Verbindungen oder Aspekte mit anderen Planeten. Das betrifft auch das, was durch seine irdische Stellung angezeigt werden kann das heißt, durch seine Stellung in einem bestimmten Horoskophaus und die Herrschaft über ein bestimmtes Haus.

Der Himmelszustand eines Planeten ist universell und bezieht sich auf alle sublunaren Dinge gleichermaßen, daher zeigt er alleine nichts Spezifisches an. Das individuelle Horoskop lässt es nicht zu, beim Individuum auf etwas Besonderes zu schließen. Davon ist ausgenommen, was durch seinen Himmelszustand angezeigt wird. Aus der Natur und dem Himmelszustand eines Planeten ergibt sich eine Kombination von Eigenschaften, bei der die eigene Natur des Planeten vorherrscht. Die Natur des Planeten wird durch den Himmelszustand entweder vorteilhaft oder nachteilig beeinflusst.

Daher muss bei der Beurteilung der individuellen Auswirkungen eines Planeten zunächst sein universeller Zustand bekannt sein. Wir erkennen ihn aus der Natur des Planeten und seinem günstigen oder ungünstigen Himmelszustand.

Im individuellen Horoskop wirkt ein Planet gemäß dieser Kombination durch seine lokale Determination auf das Individuum. Das bedeutet, die Wirkung eines Planeten in einem speziellen Horoskop oder für ein Individuum hängt von der Determination durch seine Häuserstellung und seiner Herrschaft über bestimmte Häuser ab.

Wenn sich die Sonne in Löwe im Trigon zu Jupiter befindet und kein Übeltäter ist daran beteiligt, werden alle solaren Dinge in der gesamten sublunaren Welt stark von der Unterstützung der Jupiter-Qualitäten beeinflusst. Dies schließt jedes zu dieser Zeit geborene

Individuum mit ein. Bei einer Sonne im Wassermann, im Quadrat oder in Opposition zu einem Übeltäter wäre ihre Macht beeinträchtigt. Die Wirkung wäre sowohl allgemein als auch für die der Sonne besonders nachteilig. Das Gleiche gilt für die anderen Planeten.

1.6 Die Himmelskörper als universelle und besondere Ursache

Viele Philosophen und diejenigen, die über Astrologie geschrieben haben, behaupten, dass die Himmelskörper nur universelle Ursachen darstellen. Im Folgenden wird jedoch gezeigt, dass dies nicht wahr ist.

Das Primum Caelum ist als Ganzes eine universelle Ursache und nur dadurch kann es die allumfassende Ursache der Natur sein. Seine Kraft stimmt mit allen an es anschließenden und untergeordneten Ursachen sowie deren Wirkungen überein.

Das Primum Caelum kann man in Hinblick auf seine Teilung in die zwölf Tierkreiszeichen betrachten. Deren spezifische Natur wird jeweils von dem Planeten determiniert, der es regiert.

Ein Zeichen ist eine mit dem Primum Caelum vergleichbare universelle Ursache. Die Wirkung eines Zeichens stimmt erstens mit der ihm untergeordneten sublunaren Kraft überein, wie zum Beispiel bei Menschen oder Tieren, die gerade Nachkommen zeugen. Sofern die Kraft des Zeichens bei Menschen und Tieren die gleiche Wirkung hat, ist sie eine universelle Ursache. Wenn sie den Nachkommen bestimmte Eigenschaften verleiht, die ihnen weder ein Mensch noch ein Tier verleihen konnte, ist diese Kraft die besondere Ursache für diese Eigenschaften.

Das Caelum und die Sterne beherrschen nicht nur die Kräfte und Wirkungen der sublunaren Körper, sie haben auch Kräfte, die nicht durch die sublunaren Ursachen übertragen werden können. Daher erfordern sublunare Ursachen himmlische Kräfte, von denen sie ergänzt und regiert werden, das sagt sogar Aristoteles.

Die Handlung eines Zeichens sollte zweitens nur dann als universell angesehen werden, wenn es seine Kraft im gesamten Universum fortsetzt, ohne bestimmte Wirkungen in der sublunaren Welt zu beeinflussen. Ein Zeichen als solches ist keine universelle Ursache, weil es nicht mit untergeordneten Ursachen zusammenwirkt. Wie bereits gezeigt wurde, geschieht dies nur mit Partnern.

Daher ist seine Wirkung eine besondere Ursache. Wenn man seine Kraft in das gesamte Universum ergießt, ist es nicht wichtig, dass diese Kraft gleichzeitig die verschiedensten Wirkungen hervorruft, denn diese Tatsache macht eine Ursache nicht universell.

Man kann einwenden, dass jede bestimmte Ursache einer universellen Ursache untergeordnet ist, aber ein Zeichen ist keiner universellen Ursache untergeordnet. Dies gilt nur, wenn das Primum Caelum eine universelle Ursache in Bezug auf seine eigenen Teile ist, was absurd erscheint. Daher kann ein Zeichen keine einzelne Ursache sein.

Ich würde wie folgt antworten: Erstens ist das zuvor Gesagte falsch. In diesem Fall müsste sonst Gott, der die besondere Ursache der Gnade ist, einer früheren Ursache untergeordnet sein. Das Primum Caelum, das die besondere Ursache seines eigenen Einflusses ist, wäre dann folglich einer überlegenen natürlichen Ursache untergeordnet. Es müssten dann auch eine unendliche Reihe natürlicher Ursachen zugelassen werden, was einer Hypothese bezüglich einer ersten Ursache in der Natur widerspricht.

Zweitens ist ein Zeichen eine nachfolgende Ursache, die einer ersten universellen Ursache untergeordnet ist. Dabei spielt es keine Rolle, dass ein Zeichen materiell Teil des Primum Caelum ist, da es formal nicht mehr als nur ein Zeichen ist.

Dasselbe gilt für die Planeten, da die Zeichen und Planeten, die ihre Herrscher sind, dieselbe Natur haben. Ein Planet, der in der Wirkung mit einer sublunaren Ursache übereinstimmt, ist die universelle Ursache dieser Wirkung. Das gilt zum Beispiel, wenn die Sonne im Einklang mit der Zeugung von Nachkommen ist. Dabei stimmt die Sonne mit einer Ursache überein, die ihr selbst unterlegen ist.

Wenn die Sonne einem Individuum einen spezifisch solaren

Charakter oder Ruhm und Stellung verleiht, muss sie als die besondere Ursache dieser Effekte angesehen werden. Dies gilt zum Beispiel in Fällen, in denen ein solarer Charakter, Ruhm und Stellung kaum von den Eltern verliehen werden konnte, weil diese entweder Bauern oder zu arm waren. Sie sind hier nur durch die Kraft oder den Einfluss der Sonne erklärbar.

Ähnliches gilt für die Sonne, wenn sie ihre Kraft lediglich in das gesamte Universum verströmt, mit anderen Worten, wenn sie universell wirkt. Sie ist die besondere Ursache ihrer Wirkungen, wenn sich ihr keine untergeordnete Ursache anschließt.

Wenn der Mond, die Erde und Objekte auf der Erde von der Sonne beschienen werden, sind dies besondere Wirkungen, von denen eine bestimmte Ursache gefunden werden muss. Da es keine andere Ursache als die Sonne zu geben scheint, muss die Sonne ihre besondere Ursache sein. Gleiches gilt für jede andere Form des Einflusses der Sonne oder für die anderen Planeten und Zeichen.

Es kann eingewendet werden, dass die Wirkung der Sonne, wenn sie sich im Löwen befindet, eine universelle Ursache ist. In diesem Fall wäre der Löwe seinem eigenen Herrscher, der Sonne, unterlegen. Das gilt unabhängig davon, ob die Sonne als universell und mit einem sublunaren Vermittler handelnd angesehen wird oder nicht.

Ich würde antworten, dass das Zeichen Löwe der Sonne nicht untergeordnet ist, nicht wegen der Natur des Sonneneinflusses, der für beide gleich ist, sondern weil die Natur des Zeichens von der Sonne bestimmt wurde.

Die Überlegenheit einer universellen Ursache geht von der Überlegenheit ihrer Natur aus. Überlegene und untergeordnete Ursache haben unterschiedliche Naturen. Dabei ist die Letztere der Ersteren eben untergeordnet. Beide können jedoch in ihrer Wirkung übereinstimmen. Daraus schließen wir, dass die Sonne und der Löwe als Partner derselben Natur fungieren. Das gilt, obwohl das Zeichen Löwe im Wesentlichen von der Sonne abhängt. Seine Natur wurde von der Sonne bestimmt.

Daher sind Caelum und Sterne manchmal universelle und manchmal nur bestimmte und nicht universelle Ursachen. Das wurde schon von vielen Schriftstellern beschrieben. Lucio Bellanti behauptet in seiner Widerlegung von Pico della Mirandola in Kap. 6, das Caelum sei eine universelle Ursache. Es rufe gleichzeitig verschiedene Wirkungen mit untergeordneten Ursachen hervor. Dabei macht er das Caelum zu einer besonderen Ursache, wenn es jene Wirkungen hervorruft, die keine andere besondere Ursache haben. Er vergleicht sie mit denen, die aus verdorbener Materie geboren wurden. Dabei befindet sich der Same in verdorbener Materie und ist mit einer aktiven Kraft ausgestattet. Aber die gleichzeitige Vielzahl und die unterschiedlichen Wirkungen ergeben keine universelle Ursache.

1.7 Die Himmelskörper als Zeichen und Ursachen von sublunaren, irdischen Auswirkungen

Eine Ursache erzeugt durch eigene Kraft eine Wirkung, wie zum Beispiel, wenn die Sonne die Erde erleuchtet. Sie könnte auch ein planetarischer Aspekt sein, wobei das Ergebnis von den daran beteiligten Planeten abhängt, wie in Teil 2, Kap. 17 gezeigt wird.

Ein Zeichen ist das, was wir mit den Sinnen erfassen. Wenn es den Sinnen nicht zugänglich ist, verstehen wir es mit dem Verstand, wie es zum Beispiel beim Efeu der Fall ist, das vor einem Laden hängt und ankündigt, dass Wein angeboten wird. Die Bedeutung eines Zeichens besteht nicht in dem, was es dem Sinn präsentiert, denn ein Zeichen ist nicht einfach eine Repräsentation seiner selbst. Es steht für das, was es für den Intellekt bedeutet und wofür es ein Zeichen sein soll. Das ist den Sinnen unbekannt.

Es gibt drei Arten von Anzeichen: diagnostische, prognostische und solche, die uns an etwas erinnern. Diagnosezeichen sind Anzeiger für etwas Vorhandenes, beispielsweise für Symptome anhand derer ein Arzt die vorhandene Krankheit diagnostizieren kann. Prognostische Anzeichen sprechen für das, was kommen wird. Das sind beispielsweise Hinweise, anhand derer ein Arzt den Tod oder die Genesung des Patienten, ein Seemann einen Sturm auf See oder ein Landwirt die Fruchtbarkeit des Landes vorhersagen kann. Erinnerungszeichen sind solche, die auf Vergangenes hinweisen, wie Asche auf ein früheres Feuer und die Spur eines Wolfes darauf, dass dort ein solcher vorbeigekommen ist.

Es gibt Menschen, die der Meinung sind, dass die Himmelskörper keine wahren Zeichen zukünftiger Ereignisse sind. Sie beziehen sich dabei auf die Passage in Jeremia Kap. 10.2., die lautet: »Gewöhnet euch nicht an die Weisen der Heiden und vor den Zeichen am Himmel erschrecket nicht.«

Die »Zeichen am Himmel« beziehen sich in dieser Passage nicht auf die Himmelskörper, sondern auf die Götzenbilder aus Holz und Gold, welche die Babylonier zu dieser Zeit verehrten. Das geht aus mehreren Aussagen in diesem Kapitel hervor. Sie beziehen sich eindeutig auf die Götzenbilder und nicht auf die Himmelskörper.

Andere Menschen sind der entgegengesetzten Meinung. Sie denken, dass die Himmelskörper nur Anzeichen von Wirkungen in der sublunaren Welt sind und nicht ihre Ursachen. Sie berufen sich dabei auf die Passage in Kap. 1.14. der Genesis, wo geschrieben steht:

> Und Gott sprach: Es sollen Lichter werden an der Feste des Himmels, Tag und Nacht zu scheiden, und sie sollen als Zeichen dienen und zur Bestimmung von Zeiten, Tagen und Jahren, und sie seien Lichter an der Feste des Himmels, dass sie auf die Erde leuchten!

Kepler schien auch dieser Meinung gewesen zu sein, als er erklärte, dass Planeten, die in Konjunktion, im Quadrat oder in Opposition stehen, die sublunare Welt nicht als natürliche Vermittler beeinflussen, sondern nur das sensitive tierische und pflanzliche Vermögen der sublunaren Wesen und Dinge. Sie würden nur auf die Sinne der Erde als Ganzes und die ihrer Objekte wirken.

Keplers Standpunkt wurde bereits widerlegt. Es ist sicher, dass die Sonne kein Zeichen des Tages oder des Jahres ist, sondern vielmehr ihre Ursache, da sie sowohl den Tag als auch das Jahr verursacht. Die Sonne ist auch nicht einfach ein Zeichen des Tages, den sie verursacht. Wie wir festgestellt haben, besteht die Bedeutung eines Zeichens in dem, was es dem Intellekt zu verstehen gibt. Das ist dem Sinn unbekannt. Da jedoch sowohl der Tag als auch das Jahr den Sinnen bewusst wird, ist die Sonne kein Zeichen dieser Phänomene, sondern deren Ursache.

Wenn die Heilige Schrift sagt, dass »Sonne und Mond als Zeichen stehen«, sollten wir verstehen, dass sie Zeichen für etwas anderes als Tage, Jahre und Jahreszeiten sind. Wir können daraus schließen, dass sie Zeichen für andere Wirkungen sind, die in der sublunaren Welt auftreten. Kepler selbst hätte diesen Punkt eingeräumt, vorausgesetzt, sie würden nicht als Ursachen für diese Wirkungen angesehen, sondern nur als objektiver Anreiz einer bestimmten Fähigkeit innerhalb der Natur.

Er widerspricht sich jedoch bis zu einem gewissen Grad, wenn er zugibt, dass vom Charakter der gesamten Konfiguration der Himmelskörper ein Eindruck auf diese besonders sensible Fähigkeit gemacht wird, dass dieser im Organismus verbleibt und ihn zum Handeln anregt. Es ist notwendig, dass eine permanente Erregungskraft zu dieser Konfiguration gehört. Nur dann erfolgt eine Reaktion, wenn die Planeten durch Direktionen oder Transite zu ihren wichtigsten Positionen kommen. Da der Charakter dieser kosmischen Konstellation aus dem Caelum hervorgeht und diesen Fähigkeiten eingeprägt ist, muss ihre Erregungskraft aus ihr hervorgehen. Dies widerspricht Keplers Meinung.

Daher behaupten wir, dass das Caelum die natürliche Ursache dieser sublunaren Wirkungen ist, denn die ursprüngliche Ursache dominiert immer die untergeordneten Ursachen und was danach hervorgebracht wird.

Diese vermeintliche Fähigkeit muss durch den Eindruck dazu angeregt werden, in den Angelegenheiten zu handeln, die unter ihrer Kontrolle stehen, wie Kepler sagt. Ebenso muss sie jene Leidenschaften, Krankheiten und Katastrophen hervorrufen, durch die der Mensch und die Fähigkeit selbst zerstört werden würden. Der Intellekt und die Vernunft des Menschen könnten diese Ergebnisse nicht verhindern, da diese Fähigkeit von ihnen unabhängig sein müsste.

Daher gehen wir davon aus, dass die Himmelskörper und

Zeichen die eigentlichen Ursachen der sublunaren Wirkungen sind. Dies widerspricht der Meinung von Cardanus, der im LIBER DE INTERROGATIONE, Quest. 13, angibt, dass nur die Sterne Ursachen sind, nicht aber die Zeichen.

Die himmlischen Konstellationen bei der Geburt eines Menschen sind für seinen Charakter und die körperliche Verfassung Erinnerungszeichen, die sich schon vor der Geburt ausbilden.

Dem Geburtshoroskop bietet sich danach die Möglichkeit, die Natur des Charakters und der physischen Konstitution, die der Geburt vorausgegangen sind, zu bewerten. Dadurch ist das Geburtshoroskop ein Erinnerungszeichen für diese Merkmale, aber nicht ihre Ursache, diese ging dem Horoskop zeitlich voraus.

Darüber hinaus ist das Geburtshoroskop ein diagnostisches Zeichen des Charakters und der physischen Zusammensetzung des Geborenen, sofern es vollständig ist. Es zeigt aber auch die moralische Natur, mentale Qualität und gesamte Disposition, die den Wechselfällen des Lebens ausgesetzt sind.

Obwohl der Charakter und das physische Aussehen der Geburt vorausgehen, werden sie durch die Dispositionen des Caelum zur Vollendung gebracht. Es bringt das Kind schicksalsgemäß zu einem geeigneten Zeitpunkt aus dem Mutterleib hervor. Dabei wird dem Geborenen ein Siegel aufgedrückt, das die Natur, den Zustand, den Ort und die Bestimmungen vonseiten der Himmelskörper repräsentiert.

Daher ist das Horoskop für den Moment der Geburt nicht nur ein Erkennungszeichen, sondern auch ihre Ursache. Das gilt, sofern die Körperbildung und der Charakter durch die himmlische Konstellation vervollständigt und bestimmt werden.

Schließlich ist das Geburtshoroskop ein prognostisches Zeichen für zukünftige Ereignisse des Geborenen, und zwar aufgrund der oben erwähnten Unterwerfung unter das Schicksal oder die Bestimmung. Die Himmelskonstellationen des Geborenen enthalten potenzielle Ereignisse, die zu geeigneter Zeit durch Direktionen, Transite und Revolutionen angewiesen und erzeugt werden. Das wird später ausführlich erläutert.

Daher sollte klar sein, dass das Geburtshoroskop nicht nur ein prognostisches und diagnostisches Zeichen ist, sondern auch die Ursache für die Dinge. Wenn es nicht die Ursache dafür wäre, könnte es nicht ihr Zeichen sein. In dem Maße, wie es Ursache ist, ist es auch das Zeichen. Wenn das Horoskop keine wirkende Ursache wäre, wie kämen dann diese Dinge in Übereinstimmung mit den Himmelskonfigurationen zustande?

Aufgrund der Tatsache, dass eine Ursache nur in Übereinstimmung mit der Disposition des Subjekts handelt, ist es jedoch möglich, dem himmlischen Zustand zu widerstehen. Das stellt Ptolemäus im CENTILOQUIUM[12], Aphorismus 5, heraus. Dort schreibt er:

> Wer etwas weiß, kann viele Wirkungen der Sterne abwenden, indem er ihre Natur versteht und sich rechtzeitig vorbereitet.

Daher sind die Zeichen und Ursachen keineswegs unvermeidlich, obwohl es viele denken. Dieser Fehler wird auch von der Kirche verurteilt. Es ist klar, dass das Geburtshoroskop die Ursache für die Dinge ist, für die es selbst ein diagnostisches Zeichen ist. Gleichzeitig ist es für diejenigen eine mögliche Ursache, für die es ein prognostisches Zeichen ist. Das wird später bei der Betrachtung der Direktionen und Transite deutlicher.

Unter der Annahme, dass die Sterne tatsächlich das bewirken, was sie anzeigen, werden die Planeten, die zum Beispiel die Signifikatoren des Todes sind, dieses Ereignis entweder durch eine Direktion oder Revolution bewirken. Das Gleiche gilt für andere Angelegenheiten.

Es kann eingewendet werden, dass der Mars, der den Aszendenten regiert und im achten Haus nachteilig platziert ist, sicherlich einen gewaltsamen Tod für die Geborenen anzeigt. Aber der Mars tötet den Geborenen offensichtlich nicht selbst, sondern nur indirekt, da er nur Zeichen und nicht Ursache ist.

Ich würde antworten, dass der Mars den Geborenen nicht direkt,

---

12 Das CENTILOQUIUM enthält 100 astrologische Aphorismen, die fälschlicherweise Ptolemäus zugeschrieben werden.

sondern nur indirekt tötet. Er unterwirft ihn einem Einfluss, der den gewaltsamen Tod herbeiführt. Daher ist der Mars die Todesursache dieses Geborenen.

Fragen wir, ob die Sterne mit Sicherheit die zukünftigen Ereignisse im Leben eines Individuums anzeigen, würde ich mit »nein« antworten, sonst müsste man einem unausweichlichen Fatalismus zustimmen und die obige Aussage von Ptolemäus wäre nicht wahr. Die Sterne zeigen nicht den Widerstand des Menschen gegen ihre Macht wegen seiner Klugheit oder göttlich erleuchteten Vernunft an. Sie können z. B. über den Zustand einer Krankheit oder Auseinandersetzung Auskunft geben, sie können aber nicht anzeigen, wie die Auseinandersetzung oder Krankheit vermieden werden kann.

Tatsächlich stehen einige Dinge im Leben des Menschen nicht in dessen Macht. Dazu gehört zum Beispiel, wer seine Brüder oder Feinde sind oder sein Tod und dessen Folgen. Andere äußerliche Dinge sind wiederum von seinem freien Willen abhängig. Dazu gehören seine Finanzen, Kinder, Diener, Frau, Konflikte, Kämpfe, Reisen und berufliche Anerkennung. Bei diesen hat er eine freie Wahl, ob sie auf ihn treffen und zu ihm gehören oder ob er sie ändern will.

Aber das, was die Sterne anzeigen, macht den Geborenen stark geneigt oder dafür geeignet, dass zumindest die Neigung mit beträchtlicher Sicherheit behauptet werden kann. Neigungen, die nicht in der Macht des Geborenen liegen, werden sich auswirken und mit größter Sicherheit eintreten. Diejenigen, die von ihm selbst abhängen, werden zu einem ungewissen Ergebnis führen. Die meisten Menschen stimmten mit der Konstellation der Sterne unbewusst überein. Sie wissen meist nicht, wer sie selbst sind, wie die Dinge liegen und für was sie bestimmt sind. Deshalb handeln sie nicht entsprechend, um unangenehmen zukünftigen Ereignissen vorzubeugen.

Da es mühsam ist, sich seinen natürlichen Neigungen zu widersetzen, beginnen nur sehr wenige diesen Kampf und noch weniger bestehen ihn standhaft. Daher werden die astrologischen Vorhersagen häufig wahr. Da geringer wertige und begrenzte Ursachen eindeutig der Macht überlegener und universeller Ursachen unterliegen, ist dies ein Naturgesetz.

Dennoch sind alle Vorhersagen tatsächlich nur Vermutungen und niemand kann etwas mit Sicherheit vorhersagen.

Daraus können wir schließen, dass der Einfluss der Himmelskonstellation im Moment der Empfängnis die eigentlich wirksame Ursache für den Charakter und die physische Zusammensetzung des Geborenen ist. Sie hat in diesem Moment ihren Anfang. Wie schon erwähnt, ist die Konstellation des Caelum beim Geburtszeitpunkt ein Erinnerungszeichen für denselben Charakter und dieselbe körperliche Bildung, die früher begonnen wurden. Sie ist ein diagnostisches Zeichen dafür, was jetzt vollendet und abgeschlossen ist. Als prognostisches Zeichen für die Dinge, die in Bezug auf diese Konstitution kommen werden, wurden sie jetzt vervollständigt.

Die Himmelskonstellation ist jedoch keine Ursache für vergangene Dinge oder ein Horoskop für diejenigen, die vor dem Geborenen geboren wurden. Dazu gehören der Vater, die Mutter oder die älteren Geschwister usw. Sie ist nur eine Ursache für die gegenwärtigen und zukünftigen Dinge. Tatsächlich ist sie die eigentliche Ursache für die Körperbildung, den Charakter sowie für die mentalen und moralischen Eigenschaften.

Von den kommenden Dingen, die zur gegebenen Zeit durch tatsächliche Ursachen zum Tragen kommen, bleibt sie eine potentielle Ursache. Wenn die Letzteren jedoch fehlen oder gegenteilige vorliegen, wenn zum Beispiel eine Krankheit durch geeignete vorbeugende Maßnahmen verhindert wird, wird diese Ursache nicht Wirklichkeit und ihre Auswirkungen werden verhindert.

Sie bleibt jedoch immer noch als Ursache erhalten, weil sie beim Geborenen zum Zeitpunkt der Geburt nicht abwesend oder in seinen Angelegenheiten unwirksam war. Sie wurde einfach keine tatsächliche Ursache und von anderen verhindert, wie es zum Beispiel bei vorbeugender Gnade der Fall wäre. Deshalb ist die Konstitution bei der Geburt ein prognostisches Zeichen für zukünftige Ereignisse, wenn sie nicht auf irgendeine Weise verhindert werden. Sie ist aber auch deren Ursache, wenn sie stattfinden.

1.8 Ob jede sublunare, irdische Wirkung immer vom gesamten Caelum abhängt

Das Konzept, dass der gesamte Himmel, das Caelum, jede sublunare, irdische Wirkung erfüllt, wurde von Pico della Mirandola und anderen Kritikern, welche die astrologischen Grundprinzipien leugneten, vertreten. Sie ist aber falsch.

Wenn man ein Individuum in seiner Gesamtheit betrachtet, kann man zuerst seine inneren Werte und Anlagen – das sind die moralischen und mentalen Eigenschaften, – den Charakter usw. betrachten. Äußerlich gehören zu ihm Dinge wie seine Finanzen, Geschwister, Eltern, Kinder, Religion und die verschiedenen Bedeutungen der Häuser außer dem ersten. Dabei wird das gesamte Caelum in die zwölf Abschnitte oder Häuser unterteilt. Diese erzielen die Gesamtwirkung gemäß der Bedeutung und unterschiedlichen Erfahrungsfähigkeit der Häuser, die sie darstellen.

Man kann davon auch nur einen Teilbereich betrachten, der für den Geborenen eine tatsächliche oder potenzielle äußere oder innere Anlage darstellt. Wenn man bei einem Individuum zum Beispiel seine geistigen Qualitäten, Finanzen, den Beruf oder die Kinder betrachtet, ist an diesen speziellen Wirkungen nicht das ganze Caelum beteiligt. Das geschieht nur für die Zeichen, Planeten und Sterne, die nach ihrer Stellung, Herrschaft und ihren Aspekten ein Haus besetzen. Von Letzterem hängt ihre Wirkung ab. Dazu gehören auch diejenigen Planeten, die durch ihre Analogie mit dieser Wirkung verwandt sind.

Wenn wir zum Beispiel die Ehe eines Mannes betrachten, sind daran nur die *Abschnitte* des Caelum und die Sterne beteiligt, die sich durch die Determination ihrer Stellung, Herrschaft und ihres Aspekts auf die Ehe beziehen. Dafür sind nicht das gesamte Caelum und die anderen Sterne ausschlaggebend.

Teil 2

Die akzidentielle Determination der Planeten und ihre Wirkungen auf die sublunare, irdische Welt

2.1 Die akzidentielle Determination der Planeten auf Grund ihrer Häuserstellung und -herrschaft

Die Häuserstellung und -herrschaft sind wirkungsvollere Methoden der Determination als alle anderen. Die Stellung des Planeten im Haus hat dabei den Vorrang vor der Häuserherrschaft.

Alles Geschehen in der Welt wird durch höhere Ursachen, durch das Caelum und die Sterne hervorgerufen. Das deutete Aristoteles an, indem er sagte: »*Die niedere Welt grenzt an die höheren Regionen, die alle ihre Aktivitäten regieren.*« An anderer Stelle schreibt er: »*Die Sonne und der Mensch zeugen den Menschen.*«

Wenn der Mensch den Zustand der Himmelskörper untersucht, versteht er sie und das gewonnene Wissen ermöglicht ihm, zukünftige Dinge vorherzusagen. Wenn zum Beispiel bestimmte himmlische Ursachen und ihre Wirkungen aus der Vergangenheit bekannt sind, kann man einschätzen, was sie bei einer zukünftigen Wiederkehr im selben Zeichen bewirken. Das gilt unter anderem für die Finsternisse und Planetenkonjunktionen im selben Zeichen.

Man kann daraus schließen, dass auf dieselben Ursachen in der Zukunft bestimmte Ereignisse folgen. Das geschieht jedoch nur durch ihre Bedeutung. Was sie tatsächlich bewirken, kann man nicht mit absoluter Sicherheit behaupten, da sie nur ein Zeichen für etwas sind (siehe Kap. 1.7).

Darüber hinaus hat jeder Planet eine einzigartige und ihm eigene Qualität. Seine Kraft erstreckt sich über die ganze Welt und mit ihr erzielt er seine Wirkung. Diese Kraft ist absolut und beeinflusst allumfassend die sublunare Welt. Sie durchdringt alles und offenbart sich in allem.

Die Planetenkraft wird jedoch vom empfangenden Objekt konditioniert und modifiziert. Die Kraft der Sonnenwirkung ist zum Zeitpunkt ihrer Entstehung auf einen Menschen und eine Pflanze zwar die gleiche, sie erzielt bei ihnen jedoch nicht dieselbe Wirkung. Bei unterschiedlichen Objekten erzeugt sie unterschiedliche Wirkungen.

Obwohl diese universelle Kraft bei der Geburt eines Menschen vorhanden ist, wirkt sie sich nicht bei jedem gleich aus. Das gilt auch für gleichzeitig geborene Menschen, denn jeder modifiziert sie auf seine Weise.

Auch ein Planet bezieht sich auf jedes Individuum unterschiedlich. Das liegt daran, dass er sich bei einem im ersten Haus befindet, bei einem anderen im zweiten usw. In einem Horoskop ist er Herrscher des ersten Hauses, während er bei einem anderen über ein anderes Haus herrscht. Dadurch erzeugt derselben Planet bei jedem Individuum unterschiedliche Wirkungen.

Daraus folgt: Die Sonne kann nicht die Ursache für alle akzidentiellen Eigenschaften sein sowie für alle gegenwärtigen und zukünftigen Ereignisse eines bestimmten Individuums. Alle akzidentiellen Eigenschaften und Ereignisse beziehen sich eben nicht nur auf ein bestimmtes Horoskophaus, sondern auf alle zwölf Häuser. Die Sonne kann sich dabei gleichzeitig weder nach Häuserstellung noch nach Herrschaft auf alle Eigenschaften und Ereignisse beziehen. Daher entspricht die Sonnenwirkung nur ihrer eigenen spezifischen Determination, während andere Wirkungen durch die Kraft der anderen Planeten und gemäß deren Determination auftreten.

Da der Geborene der Betroffene der akzidentiellen Bedeutungen ist, hat für ihn das gesamte Horoskop mit allen zwölf Häusern eine Bedeutung.

Das Horoskop als Ganzes verursacht keine bestimmte Qualität oder ein bestimmtes Ereignis, wie es *Pico* angegeben hat. Jedes der Häuser verursacht jedoch die Eigenarten und Ereignisse wegen der Bedeutung, die das Caelum in diesem Haus annimmt. Befindet sich die Sonne oder der Herrscher der Sonne im ersten Haus, wirkt sie sich auf die physische Konstitution und den Charakter des Geborenen aus. Jupiter und sein Herrscher im zehnten Haus wirken sich auf die Karriere und den Ruf des Geborenen aus, während Mars und sein Herrscher im achten Haus auf die Umstände des Todes des Geborenen einwirken und so weiter.

Obwohl der Tod oder andere Ereignisse und Merkmale, welche den Geschwistern, Kindern und dem Ehepartner des Geborenen entsprechen, für diese deutlicher angezeigt werden als für den Geborenen, ist es dennoch möglich, aus seinem Horoskop etwas zu schließen, das nur die Genannten betrifft. Die Angelegenheiten von Personen, die dem Geborenen nahestehen, sind auch für ihn von Bedeutung.

Die zwölf Primär- oder Horoskophäuser sind nur Abschnitte des die Erde umgebenden Raums und weder die Ursache noch Signifikatoren der ihnen zugeschriebenen akzidentiellen Merkmale. Ein leerer Raum kann nicht aktiv sein, aber die Primärhäuser modifizieren und begrenzen die Qualitäten der Zeichen, Planeten und Fixsterne.

Je nach Eigenschaften der betroffenen Häuser verursachen sie im Leben des Geborenen akzidentielle Qualitäten und Ereignisse.

Die Räume oder Felder selbst haben keine bestimmende Kraft und das erste Feld oder Haus bedeutet zum Beispiel nicht die physische Konstitution und Dauer des Lebens, sondern liefert eine spezifische Anlage in Bezug auf die physische Konstitution und Lebensdauer. Das zweite Feld oder Haus bietet eine spezifische Determination in Bezug auf Geld und für die anderen Häuser gilt dies ebenso.

Die Tierkreisabschnitte des Caelum, welche die Horoskophäuser besetzen, sind weder die Anzeiger für die akzidentiellen Eigenschaften und Merkmale, die den Horoskophäusern zugeschrieben werden, noch sind es die Planeten in ihnen oder die Zeichenherrscher. Die Himmelskörper bedeuten nichts Gegenwärtiges oder Zukünftiges, außer dass sie das bewirken, was sie bedeuten sollen (siehe Kap. 1.7).

Das Zeichen Steinbock oder der Planet Saturn im ersten Haus oder ein Saturn, der das erste regiert, hat nicht immer die Wirkung, Leben zu gewähren, sondern zerstört oder leugnet es manchmal. Steinbock oder sein Herrscher im zehnten Haus verleiht und leugnet manchmal Ehre und Bevorzugung. Daher hat ein Himmelskörper im ersten Haus nur eine Bedeutung für den Charakter und die Dauer des Lebens und im zehnten für den Beruf und das Prestige. Ähnliches gilt für die anderen Häuser.

Die Planeten zeigen nicht mit Sicherheit an, dass der Geborene etwas haben wird. Ein Planet in einem Haus sowie sein Herrscher und himmlischer Zustand zeigen die Möglichkeit an, ob er es haben kann oder nicht. Daraus erkennt man, ob er es haben soll und in welchem Ausmaß oder auf welche Weise er es erreicht.

Die Planeten sprechen durch ihre Determinationen für bestimmte ihnen eigene akzidentielle Qualitäten und zukünftige Ereignisse. Außerdem liefern sie Hinweise für deren Ausmaß und Art. Die Umstände werden durch die Eigenart und den Zustand der Planeten in einem bestimmten Haus deutlich. Außerdem sind sie von der besonderen Erfahrung des Hausherrschers abhängig und den Aspekten, die dieser und sie selbst erhalten.

Wenn die Sonne nach Häuserstellung, Herrschaft und Aspekten für Freunde spricht, zeigt sie bedeutende Freunde unter Königen, Fürsten oder Personen an, während eine Häuserstellung, die Krankheiten entspricht, durch die Besetzung mit einem Saturn saturnale Krankheiten erwarten lässt.

Gleiches gilt für die Herrscher des ersten, zehnten und der anderen Häuser. Die Herrschaft über ein Haus bedeutet für einen Planeten dasselbe, als ob er sich in diesem Haus befände. Schon früher habe ich angegeben: Die Handlung eines Zeichens geht von der Qualität seines Herrschers aus.

Ein Planet im siebten Haus bezeichnet den Ehepartner, offene Feinde und Rechtsstreitigkeiten. Dies gilt für jeden Planeten, der sich im siebten Haus befindet oder der durch eine andere Determination darauf hinweist.

Aus diesen Faktoren kann man erkennen, ob der Geborene diesen Situationen begegnen wird oder nicht. Sie zeigen, auf welche Weise und in welchem Maß er dabei Erfolg hat. Betrachtet man bezüglich einer Ehe die Natur des Planeten im siebten Haus, zeigen uns dort Jupiter und Venus an, dass die Ehe glücklich ist oder sein wird.

Saturn und Mars in sieben verweigern die Ehe. Sie entfernen den Ehepartner und bringen Unglück, Hindernisse und Verzögerungen in Verbindung mit ihm. Diese Dinge können auch aus dem Tierkreiszeichen an der Spitze des siebten Hauses und seinem Herrscher entnommen werden sowie durch die Position seines Herrschers in Aspekt mit der Sonne und anderen Planeten.

Dies gilt ebenso für den Herrscher des siebten und ersten Hauses oder wenn ein Planet, der über ein anderes Haus herrscht, im siebten steht. Wenn zum Beispiel ein Planet im siebten Haus der Herrscher des zwölften ist, impliziert dies offene Feinde, Rechtsstreitigkeiten und eine andere Art der Ehe, als wenn er Herrscher des zehnten wäre. Das Gleiche gilt natürlich auch für die anderen Häuser.

Die Bewertung des Herrschers des Tierkreiszeichens, das an der Spitze des siebten Hauses steht, erfolgt ähnlich. Dabei kommt es häufig vor, dass der Herrscher eines Planeten des siebten Hauses sich nicht selbst im siebten aufhält.

Ein Planet handelt immer nach seiner eigenen Natur und seiner spezifischen Determination, insbesondere nach seiner Stellung in einem Haus und der Herrschaft über eines. Der Mars oder sein Herrscher im elften Haus verschafft Freunde beim Militär, prominente Freunde oder er stört Freundschaften durch Streit. Dies hängt davon ab, ob sein Himmelszustand, das heißt seine Stellung im Tierkreiszeichen, günstig oder ungünstig ist. Saturn im zwölften Haus löst Saturnkrankheiten aus und für die anderen Planeten und Häuser gilt entsprechend dasselbe.

Darüber hinaus zeigt die Erfahrung, dass sich der Aszendent, ein Planet im ersten Haus oder der Herrscher über diesen Planeten, das wäre in der Regel der Herrscher des Aszendenten, auf die physische Konstitution beziehen.

Das MC, sein Herrscher oder ein Planet in zehn bezieht sich auf die Karriere und das öffentliche Ansehen. Sie werden ebenfalls als Signifikatoren dieser sekundären Eigenschaften und Ereignisse angesehen.

Daher wird die Sonne im zehnten Haus durch ihre essenzielle Natur und ihren himmlischen Zustand das zukünftige Ergebnis anzeigen. Sie kann ebenfalls die Ursachen der Umstände eines zukünftigen Ereignisses in Verbindung mit der Hausnatur des zehnten anzeigen. Sie kann sogar seine Unmöglichkeit oder anderen Veränderung verdeutlichen.

Der Aszendent bedeutet die physische Konstitution. Er ist der Bereich des Caelum, der die Spitze des ersten Hauses einnimmt. Er ist nicht das erste Haus selbst, denn in Bezug auf Gesundheitsfragen wird der Aszendent durch die Direktion bewegt und die Direktionsbewegung ist für jeden Punkt der Ekliptik in demselben ersten Haus desselben geografischen Ortes unterschiedlich. Die Häuserspitze hat keine Bewegung, weil der Raum unbeweglich ist.

Daher überstreicht der Saturn den Aszendenten zum Beispiel nicht auf die gleiche Weise, wie der östliche Horizont durch die Primärbewegung die Spitze des ersten Hauses passiert. Er bewegt sich nur mit dieser Eigenbewegung durch den Teil des Caelum, den das erste Haus zum Zeitpunkt der Geburt besetzt.

Schließlich ist der Beginn des ersten Hauses nicht wirksam, sondern nur bestimmend, während das Tierkreiszeichen oder der *Caelum-Abschnitt*, der dieses Haus einnimmt, gemäß seiner eigenen Natur und Determination wirksam ist. Daher bewirkt ein Widder am Aszendenten eine Sache, der Stier eine andere usw., entweder im Radixhoroskop oder durch Direktionen. Deshalb ist die Direktion eines Waage-Aszendenten zum Mars ungünstiger, als wenn der Aszendent Widder wäre. Die Himmelskörper wirken in viererlei Arten auf die einzelnen Dinge der sublunaren Welt ein:

- indem sie die akzidentiellen Dinge geschehen lassen, auf die sie sich durch ihre Determinationen beziehen,
- indem sie diese Dinge vermeiden,
- indem sie löschen, was gewährt wurde (was zwischen Gewährung und Verweigerung liegt),
- indem sie auf verschiedene Weise beeinflussen, was dem Geborenen gewährt wurde, sei es gut oder schlecht durch glückliche oder unglückliche spätere Umstände.

Zum Beispiel könnte das Bekommen von Kindern gewährt, verweigert oder die gewährten Kinder könnten weggenommen werden. Sie könnten auch zu Lebzeiten des Vaters glücklich oder unglücklich werden. Daraus ergibt sich, dass das Wegnehmen von etwas das endgültige Ergebnis einer gewährten Sache betrifft.

Bereits erworbene berufliche Auszeichnungen werfen daher die Frage auf, ob sie dauerhaft und stabil sind oder nicht. Die

Verweigerung von etwas, wie etwa Reichtum, bedeutet nicht nur, dass es für den Geborenen keinen Reichtum gibt, der durch seine eigenen Bemühungen erlangt wird. Es heißt auch, dass er, sollte er durch das Erbe seiner Eltern Geld erhalten, es verliert und verarmt.

In ähnlicher Weise wird der Geborene, wenn die Ursachen dazu vorhanden sind, die ihm Brüder und Schwestern verwehren, nicht nur keine jüngeren Brüder und Schwestern haben, sondern die älteren werden vor ihm sterben. Dies zeigt das Geburtshoroskop von Louis Tronson, der im dritten Haus Mars und Saturn hatte. Er war der jüngste und letztendlich der einzige Überlebende von zwölf Brüdern und Schwestern. Daher ist die Möglichkeit dieser unterschiedlichen Situationen sorgfältig zu prüfen. Wenn es davon mehrere zu geben scheint, muss die vergleichende Stärke ihrer Wirkung noch sorgfältiger abgewogen werden.

Das verdeutlicht, die Planeten zeigen durch ihre Stellung, Herrschaft, Aspekte und Antiszien verschiedene akzidentielle, zeitweilige Eigenschaften und Umstände des Geborenen an. Diese beziehen sich auf sein Leben. Dabei gilt, dass der tatsächliche Aufenthalt eines Planeten in einem Haus besonders stark wiegt. Seine anderen Verbindungen, die Herrschaft über ein anderes Haus und einen dort vielleicht vorhandenen Planeten haben im Verhältnis dazu geringere Kraft.

Indem die Planeten gewähren, verweigern, entfernen und auf verschiedene Weise beeinflussen, geben sie weitere Hinweise auf die Dinge, die dieses Haus betreffen.

2.2 Ein einzelner Planet in einem Haus

Wenn ein einzelner Planet in einem bestimmten Horoskophaus steht, wirkt er sich hauptsächlich auf die akzidentiellen Eigenschaften und Lebensereignisse des Geborenen aus, die sich auf das Haus beziehen. Sein Einfluss ist dabei größer als der des Hausherrschers und der anderen Planeten, die mit dem Haus in Verbindung stehen und Aspekte zum Haus bilden. Dabei ist es unerheblich, ob sie sich in ihrem Domizil befinden oder nicht.

Die Anwesenheit eines Planeten in einem Haus hat eine größere Wirkung als sein Herrscher, der in einem anderen Haus steht, denn die Determination erfolgt unmittelbar durch das Haus.

Wie andere Astrologen vor mir bin ich der Meinung:

Ein Planet im ersten Haus, ob im aufsteigenden oder nachfolgenden Zeichen, ist der Hauptsignifikator für den Charakter des Geborenen. Gleichzeitig ist er der Partner des Aszendenten-Herrschers.

Wenn dies für den Charakter zutrifft, warum sollte es dann nicht für das Urteil über die Finanzen, Ehe, Karriere usw. gelten? Das Prinzip bleibt doch für jedes Haus das gleiche. Wenn ein Planet in seinem eigenen Zeichen steht, stimmen seine akzidentiellen Eigenschaften mit seiner Natur sowie seinem himmlischen und irdischen Zustand eindeutig überein.

Der Planet wird dann in Hinblick darauf beurteilt, ob er die akzidentiellen Eigenschaften, die diesem Haus zugeschrieben werden überträgt, leugnet, behindert, später entfernt, auf eine glückliche oder unglückliche Weise beeinflusst.

Die Natur des Planeten ist das Erste, was beachtet werden muss, danach seine Himmelsstellung und zuletzt seine Determinationen, die nicht vom Standort oder der Hausstellung abhängig sind. Wenn eine dieser Überlegungen weggelassen wird, kann die Bewertung fehlerhaft und ungenau sein.

Jede Analogie zwischen der Natur des Planeten und der akzidentiellen Bedeutung des Hauses sollte man gut beachten. Die Sonne im zehnten Haus zeigt zum Beispiel eine Beförderung oder Ernennung zu einer (höheren) Position oder einem Amt an, da die Sonne eine Analogie dazu hat und ihre Natur mit dem Haus übereinstimmt. Im Gegensatz dazu verneint die Natur des Saturn eine Beförderung.

Wenn sich die Sonne im zehnten Haus in einer ungünstigen Himmelsstellung wie im Exil, peregrin, im Quadrat oder in Opposition mit einem Übeltäter befindet, kann sie die Beförderung aus akzidentiellen Gründen verweigern. Schlimmer wäre es, wenn ihr

Herrscher zusätzlich nachteilig platziert wäre. Dann könnte sie aufgrund ihrer Stellung im zehnten Haus und ihrer Analogie zwar etwas gewähren, aber das Ergebnis wäre von Schwierigkeiten, Hindernissen und Unglück begleitet. Diese wären umso größer, je stärker die Stellung der Sonne davon betroffen wäre.

Anderseits könnte es Saturn im zehnten Haus aus akzidentiellen Gründen zu Anerkennung und Beförderung bringen. Dies setzt voraus, dass er sich in seinem eigenen Zeichen, in Erhöhung oder östlich der Sonne sowie in schneller Vorwärtsbewegung befände und mit Mond, Jupiter oder Venus ein genaues Trigon bildete.

Ein Mars im siebten Haus bringt aufgrund seiner Natur eindeutig Konflikte und Rechtsstreitigkeiten mit sich, welche die Venus von Natur aus verhindert oder ausgleicht. Jupiter im zweiten Haus bringt Geld, das Saturn von Natur aus leugnet und Mars verschwendet. Saturn im zwölften Haus wird schwere Krankheiten, geheime Feinde oder Gefängnis mit sich bringen, wovon Jupiter den Geborenen befreit und so geht es weiter für die anderen Häuser und Planeten, wie später ausführlich erklärt wird.

Jeder Planet, dessen Natur eine gewisse Analogie zur akzidentiellen Bedeutung des Hauses aufweist, in dem er steht oder über das er herrscht, gewährt Gutes oder Schlechtes, was insbesondere seiner Himmelsstellung entspricht, sofern dies nicht auf andere Weise verhindert wird. Wenn die Natur des Planeten der Bedeutung des Hauses widerspricht, dann negiert, behindert oder löscht er dessen Angelegenheiten aus und verursacht Unglück.

Jeder Planet in guter Himmelsstellung, der im eigenen Zeichen, erhöht oder in seiner Triplizität steht, östlich zur Sonne und westlich vom Mond, frei von nachteiligen Aspekten durch Übeltäter, in direkter und schneller Bewegung usw., ist für die ganze Welt, sowie für jeden zu dieser Zeit Geborenen nützlich. Er ist unabhängig vom Haus ein Wohltäter und besonders, wenn er von Wohltätern günstige Aspekte empfängt.

Das Gute oder das Schlechte der Natur oder Stellung eines Planeten wird von den Häusern weder aufgehoben noch verändert. Es erfährt lediglich eine spezifische Determination und Ausrichtung.

Die Planeten sind umso wirksamer, je mehr ihre Himmelsstellung mit ihrer Natur übereinstimmt. Aus diesem Grund ist die Macht der Übeltäter im siebten, achten und zwölften Haus (offene Feinde, Tod, Krankheiten und Gefängnis) groß und möglicherweise gefährlich. Die bösartigen Planeten haben eine Analogie und Neigung zu den negativen Häusern sowie zu deren Bedeutung und Eigenschaften.

Daher brachte ein erhöhter Mars im siebten Horoskophaus von Prinz Gaston de Foix mächtige Feinde. Der Mars im Widder im achten Haus von Henri d'Effiat[13] führte zu seinem gewaltsamen Tod, wie später detailliert beschrieben wird.

Saturn und Mars schenken in guter Himmelsstellung und glücklichen Häusern Gutes, in schlechten Häusern Übles. Wenn sie sich am Aszendenten oder MC peregrin oder in einem ungünstigen himmlischen Zustand befinden oder ohne Würden, aber stark im ersten oder zehnten Haus sind, verursachen sie großes Übel. Dies wird noch schlimmer, wenn sie zusätzlich schlechte Aspekte zu den Herrschern des ersten und zehnten Hauses bilden.

Jeder Planet kann in einer ungünstigen Himmelsstellung stehen, wie zum Beispiel im Exil, in Rückläufigkeit, in schlechten Aspekten zu Übeltätern und ohne einen guten Aspekt zu einem Wohltäter. Dies muss für die ganze Welt und für alle zu dieser Zeit geborenen Individuen als bösartig angesehen werden. Dabei ist es gleichgültig, in welchem Haus er durch seine Position oder Herrschaft verbunden ist. Ein solcher Zustand beeinträchtigt die Natur des Planeten. Diese Situation ist für bösartige Planeten noch schlimmer, da der widrige Zustand ihrer Determination nach Haus und Herrschaft in der Regel Schande, Katastrophen, Ansehensverlust, Exil, Gefängnis, schwere Krankheit, einen gewaltsamen Tod und ähnliche Unglücksfälle nach sich zieht. Zum Beispiel zeigte Saturn in Löwe im achten Haus des Herzogs von Montmorency[14] seinen gewaltsamen Tod in Ungnade an.

---

[13] Siehe Horoskop S. 65

[14] Siehe Horoskop Seite 67

Ein Planet in einer peregrinen Stellung, der von Wohltätern oder Übeltätern nachteilig aspektiert wird, bringt Gutes oder Übles in moderater Weise hervor.

Je mehr ein Planet durch seine Himmelsstellung in seinen Möglichkeiten unterstützt wird, desto wahrscheinlicher ist es, dass er Gutes hervorbringt. Je mehr er darin beeinträchtigt wird, desto mehr neigt er dazu, Nachteiliges zu verursachen. Das gilt für sein universelles Wirken ebenso wie für ein solches im Einzelnen.

Ein wohltätiger Planet in einer guten himmlischen Stellung, der sich im ersten, zweiten, dritten, vierten, fünften, sechsten, siebten, neunten, zehnten oder elften Haus befindet, gewährt das Gute dieser Häuser. Sie gelten als glückliche Häuser, weil sie wünschenswerte Dinge darstellen. Die Ergebnisse werden real, reichlich, dauerhaft und nicht mit Schwierigkeiten verbunden sein. Im zweiten Haus bringen sie Geld, besonders wenn die Planetennatur darauf hindeutet, wie es zum Beispiel Jupiter tun würde.

Die Sonne im zehnten Haus bringt öffentliches Ansehen und Ruhm, im elften Freunde unter Königen, Fürsten und Adligen. Venus im siebten Haus lässt eine schöne Frau und glückliche Ehe erwarten. Merkur im ersten Haus spricht für ausgezeichnete geistige Qualitäten. Sonne, Saturn und Jupiter im vierten Haus deuten auf die Eltern und deren Position, die mit Reichtum verbunden ist, weil jeder Planet dieses Stelliums eine Analogie zu den Eltern hat. Gleiches gilt für die anderen Häuser. Man sollte immer beobachten, inwiefern die Natur und Stellung des Planeten mit der Bedeutung des Hauses übereinstimmt.

Ein Wohltäter in einem glücklichen Haus in einer Stellung, die durch Zeichen oder Aspekte nachteilig ist, gewährt entweder nichts oder Dinge, die mit Schwierigkeiten und schlechten Mitteln verbunden sind. Bestenfalls sind sie spärlich, falsch, unzuverlässig oder von geringem Nutzen.

Ein Wohltäter in einem mittleren Zustand gewährt mehr als in einer ungünstigen Stellung. In Bezug auf Qualität, Stabilität und Dauer wird er es nur zu mäßigen Ergebnissen bringen. Andererseits wird ein Übeltäter in einer ungünstigen Himmelsstellung, aber in einem guten Haus wie dem zehnten, das Wohl dieses Hauses, das Ansehen und Prestige nicht gewähren. Er wird verhindern, dass es zustande kommt, und es wird Unglück geben, besonders durch Saturn, der von Natur aus einem gehobenen Ansehen widerspricht.

Ein Übeltäter in guter Himmelsstellung und förderlichem Haus wie dem zehnten wird Ansehen und Prestige verursachen, besonders wenn er in Erhöhung steht. Das geschieht, weil die Erhöhung unter den möglichen Würden eines Planeten einem guten Ansehen am ähnlichsten ist. Dabei darf er sich nicht im Quadrat, in Opposition oder irgendeiner anderen nachteiligen Beziehung zur Sonne oder dem Mond befinden. Außerdem haben die Lichter eine besondere Analogie gegenüber dem Ansehen. Dieser Fall kann es zu Geld bringen, insbesondere wenn er von Jupiter glückliche Aspekte erhält, die dem Reichtum entsprechen. Ähnliches gilt für die anderen Häuser.

Ein Übeltäter gewährt selbst in guter Stellung immer unvollkommene Dinge, die von schlechten Methoden, Schwierigkeiten und Unglück begleitet werden. Die Ursache liegt in der üblen Natur des Planeten, durch den der Mensch eher zu Schlechtem als zu Gutem neigt.

Übeltäter sind in guter Himmelsstellung und glücklichen Häusern wie eine Dissonanz in der Musik, für die beschlossen wurde, eine konsonante Harmonie zu erzeugen.

Schließlich gewährt und nimmt ein Übeltater in einem mittleren Zustand nichts, er verhindert nur, dass Gutes stattfindet, insbesondere wenn seine Natur dem Guten widerspricht, wie dies bei einem Saturn im zehnten Haus der Fall wäre.

So gewährt noch verwehrt Saturn im zweiten Haus nur ein mittelmäßiges Vermögen. Der Mensch bewahrt jedoch durch Sparsamkeit und Geiz alles, was er erhält. Mars im zweiten Haus verschwendet sein Geld und neigt zu dummen und nutzlosen Ausgaben.

Ein Wohltäter in einer guten Himmelsstellung in den unglücklichen Häusern acht und zwölf verhindert oder mildert das Böse dieser Häuser. Dies gilt auch für das siebte, das durch Rechtsstreitigkeiten und offene Feinde, die ihm zugeschrieben werden, manchmal nachteilig ist. Dies geschieht nicht so sehr durch seine Natur als durch die Opposition zum ersten Haus. Das ist die Grundlage für die Bedeutung von Klagen und offenen Feinden.

Jupiter im zwölften, dem Haus der Krankheiten, macht den Geborenen für diese weniger anfällig und sie werden leicht zu heilen sein. Außerdem wird Jupiter in zwölf den Geborenen aus dem Gefängnis befreien und ihn über verborgene Feinde siegen lassen. Im achten Haus wird er den Tod des Geborenen durch Gewalt oder Schande verhindern und ihn leicht sterben lassen.

Jupiter neigt von Natur aus und durch seine Analogie nicht zu schweren und schrecklichen Krankheiten, Gefängnis oder einem gewaltsamen Tod. Das gilt umso mehr, je besser sein Himmelszustand ist. Wenn er sich in einer guten Himmelsstellung befindet, ändern sich seine Natur und sein wohltätiger Einfluss auf der gesamten Erde nicht, gleichgültig, in welchem Haus er steht. Er folgt dabei nur seiner Bestimmung und eigenen Natur, die das Gute fördert und das Böse vermindert oder abwendet. Andere Planeten profitieren dabei von seiner Natur und seinem Himmelszustand.

Befindet sich ein wohltätiger Planet in einer ungünstigen Himmelsstellung, im zwölften oder achten Haus oder ist er Herrscher eines dieser Häuser, wird er keine Krankheit verhindern, er kann dort sogar schwere verursachen. Er wird auch keinen gewaltsamen Tod verhindern können, insbesondere wenn dies in anderer Weise angezeigt ist.

Zum Beispiel stand in Kardinal Richelieus Horoskop Jupiter in den Zwillingen im achten Haus in Konjunktion mit dem Fixstern Oculus Taurus, dem Stierauge Aldebaran, der seinen Tod durch eine schreckliche Krankheit anzeigte.

Auch im Horoskop von Henri d'Effiat (Abb. 2) stand Jupiter mit Sonne und Mars im achten Haus. Er wurde enthauptet. Das Horoskop von Monsieur des Hayes hatte Jupiter in den Zwillingen im

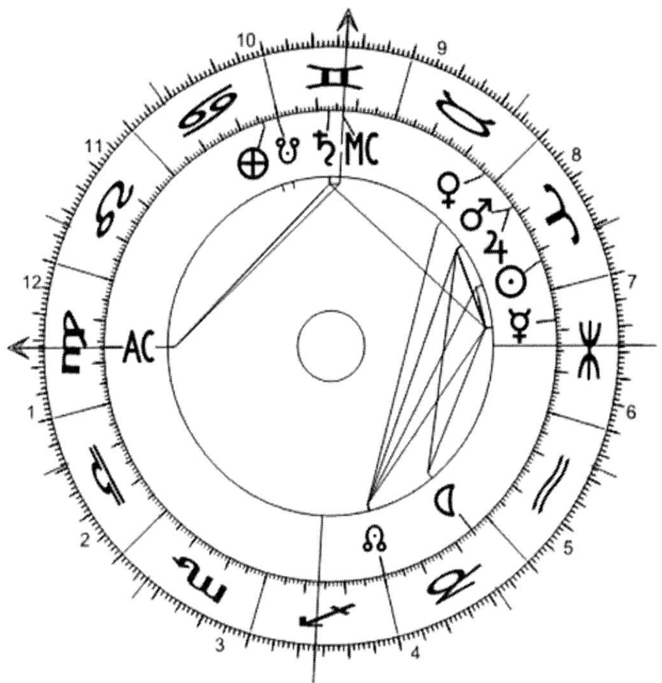

Abbildung 3: Horoskop Henri Coiffier d'Effiat, 26.3.1620, 16:26 LMT, Lyon

achten Haus mit dem Oculus Taurus und dem Mars-Herrscher des Aszendenten sowie mit dem Mond im siebten Haus in Konjunktion mit den Plejaden und dem Fixstern *Caput Medusae*, dem *Algol*, im Quadrat zum Sonnenherrscher des MC. Auch er wurde auf Befehl des Königs enthauptet.

In meinem eigenen Horoskop habe ich Jupiter, Herrscher des achten Hauses, und Saturn beide im zwölften. Dadurch habe ich an vielen schweren Krankheiten gelitten, mich aber glücklicherweise aufgrund einer guten medizinischen Behandlung erholt. Ich war auch mehrmals in Gefahr eines gewaltsamen Todes und wurde einmal sehr schwer verwundet.

Schließlich verursacht ein Wohltäter in einem mittleren Zustand weder Böses noch verhindert er es, sondern mildert es nur ab.

Ein Übeltäter in einer guten Himmelsstellung in einem unglücklichen Haus wird Schlechtes nicht verhindern, stattessen wird er den Geborenen vor ihm retten oder es dank seiner eigenen guten Himmelsstellung abmildern.

Zum Beispiel hatte der schwedische König den Mars im zwölften Haus im Skorpion, war aber nicht krank und wurde nie von verborgenen Feinden eingesperrt oder niedergeschlagen.

Dennoch kann man sehen, wie viel Förderung man von einem Wohltäter in einer guten Himmelsstellung in unglücklichen Häusern erwartet kann, um die Übel dieser Häuser zu beseitigen.

Henri d'Effiat hatte die Sonne, den Jupiter und Mars im Widder im achten Haus. Er starb einen gewaltsamen öffentlichen Tod durch den Mars, die Sonne und eine gerichtliche Entscheidung des Jupiters. Das Horoskop beinhaltet ein Quadrat des Merkur, des Herrschers des Aszendenten und MC mit Saturn im zehnten Haus. Saturn in zehn war wegen des Widders unfreundlich zum achten Haus. Er bildete einen schlechten Aspekt zur Sonne sowie zum Jupiter und Mars, da diese im Widder standen. Das verstärkte die Anzeichen für einen gewaltsamen Tod und zeigt, dass man bei astrologischen Urteilen auf viele Faktoren achten muss.

Ein Übeltäter in einer ungünstigen Himmelsstellung und in einem unglücklichen Haus, das seine Übel stark fördert, bringt die schlimmsten Umstände mit sich, die von Schande und Gewalt begleitet werden. Saturn in einer ungünstigen Himmelsstellung im zwölften Haus wird chronische Krankheiten verursachen, die schwer zu heilen sind, oder Gefängnis und versteckte Feinde. Im achten Haus zeigt er einen furchtbaren oder gewaltsamen Tod an, wie im Horoskop des Herzogs von Montmorency, bei dem Saturn im achten Hau in Löwe steht.

Dies liegt daran, dass Planeten, die von Natur aus übel sind und sich in einer himmlischen Stellung gemäß dieser Natur befinden, für die ganze Welt Unheil bedeuten, solange dieser Zustand andauert. Für Individuen, die in dieser Zeit geboren werden, ist es noch schlimmer, wenn sich diese Planeten durch lokale Determination

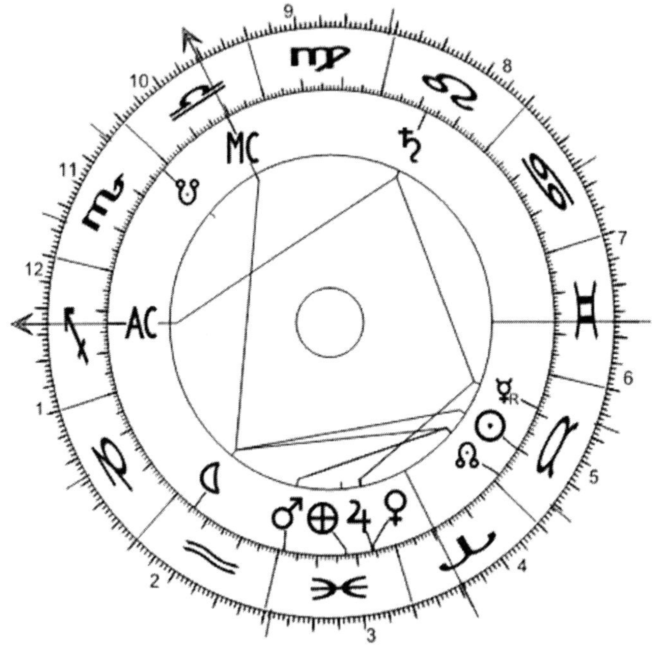

Abbildung 4: Herzog Montmorency, 30.4.1595, 2:06 LMT, Paris

auf die schlechten Angelegenheiten der unglücklichen Häuser beziehen. Dieser Zustand ist nicht nur aus dem Zeichen zu verstehen, sondern aus den Aspekten anderer Planeten.

Saturn neigt selbst in seinem Domizil oder in Erhöhung von Natur aus mehr zum Bösen als zum Guten. Wenn er im zwölften oder achten Haus ist und von einem Quadrat oder einer Opposition mit dem Mars betroffen ist, der ebenfalls ungünstig platziert ist, wirkt er am mächtigsten, um Böses hervorzubringen.

Schließlich verhindert ein Übeltäter in einem mittleren Zustand in unglücklichen Häusern das Böse nicht, sondern bewirkt, dass es stattfindet. Das Ergebnis ist umso schwerwiegender, je nachteiliger der Planet platziert ist. Berücksichtigen Sie daher bei jedem Planeten immer seine Natur, Himmelsstellung und Position in einem bestimmten Haus.

Außerdem sollte man bei jedem Planeten beachten, dass die Bedeutung eines bestimmten Hauses immer eine zweifache ist: eine essenzielle, wie zum Beispiel Geld für das zweite Haus, und eine akzidentielle, die sich aus der Bedeutung des gegenüberliegenden Hauses ergibt.

Daher ist der Tod die akzidentielle Bedeutung des zweiten Hauses. Ebenso ist die essenzielle Bedeutung des sechsten Hauses Diener und Tiere, aber akzidentielle die Krankheit, das Gefängnis und verborgene Feinde. Ähnliches gilt für die anderen Häuser.

Darüber hinaus wird ein wohltätiger Planet in einer guten Himmelsstellung in einem unglücklichen Haus das essenzielle Übel dieses Hauses verringern, aber die akzidentiellen guten Dinge fördern, die damit verbunden sind. Daher weist Jupiter in einem guten Himmelszustand im achten Haus auf einen leichten Tod hin, weil er im achten ist. Er zeigt aber auch Geld aufgrund der Opposition des zweiten Hauses zum achten an. Die Opposition eines bösartigen Planeten, gleichgültig in welchem Zustand er sich befindet, deutet immer auf Schlechtes oder Schwierigkeiten hin.

Aus dieser Diskussion sollte klar werden: Das Übel wird immer durch die schädliche Natur eines Planeten oder seine ungünstige Himmelsstellung verursacht. Durch Letztere wird sein Einfluss weiter geschwächt oder beeinträchtigt, wenn dieser Einfluss von Natur aus ohnehin schon schädlich ist.

Gute Dinge entstehen durch die wohltätige Natur eines Planeten oder seine günstige Himmelsstellung. So wird ein wohltätiger Planet in einer guten Himmelsstellung am sichersten zum Guten führen und Übel verhindern, es überwinden oder zumindest verringern. Ein Übeltäter in einer ungünstigen Himmelsstellung ist im Gegenteil genauso mächtig, weil der nachteilige Zustand dem Planeten Schädliches bringt, durch das sich seine Natur weiter verschlimmert.

Ein wohltätiger Planet in guter Himmelsstellung und glücklichem Haus wird die guten Dinge des Hauses leicht und in Fülle gewähren. In einem unglücklichen Haus wird er den Geborenen von den Dingen befreien, die durch dieses Haus bezeichnet werden, oder er wird letztendlich das Gute gewähren, von dem man hofft, dass es aus der Situation hervorgeht, wie zum Beispiel Genesung von Krankheit, Entlassung aus dem Gefängnis, Sieg über persönliche Feinde oder Verhütung eines gewaltsamen Todes. Der Tod selbst kann jedoch, wegen Adams Sünde, niemals vermieden werden.

Andererseits wird ein Übeltäter in einem guten himmlischen Zustand und glücklichen Haus das Wohl des Hauses fördern, wenn er günstige Strahlen von wohltätigen Planeten empfängt. In unglücklichen Häusern werden sie den Menschen vor dem Bösen retten oder es verringern. Wenn der Übeltäter jedoch nur in seinem Domizil oder der Erhöhung steht, wird er für das Böse immer noch mächtiger sein als alles andere, weil seine bösartige Natur zunimmt.

Der Grund dafür ist die Tatsache, dass die Determination eines Planeten am wirkungsvollsten ist, wenn sich der Übeltäter durch die Häuserstellung auf unglückliche Angelegenheiten und der Wohltäter auf glückliche bezieht.

Wenn sich die Natur und spezifische Determination eines Planeten nicht ähneln, können die Übeltäter nicht das Wohl des Hauses bewirken. Sie werden dann von Gefahren, Schwierigkeiten oder Unvollständigkeit begleitet, während die Wohltäter wenig oder gar nichts Böses verursachen. Wenn dabei jedoch große Übel entstehen sollte retten sie den Geborenen immer noch davor.

Jeder Planet in einer guten Himmelsstellung ist nützlich, wenn er sich in einem glücklichen Haus befindet – und das umso mehr, wenn seine Natur hilfreich ist. In einer ungünstigen Himmelsstellung ist ein Planet bösartig, besonders in einem unglücklichen Haus, vor allem, wenn seine Natur übel ist.

Von einem wohltätigen Planeten oder einem Planeten in einer guten Himmelsstellung entstehen Gut und Böse nicht gleichermaßen, sonst wäre seine Natur oder sein wohltätiger Zustand nicht von Bedeutung. In ähnlicher Weise kann ein Planet, der von Natur aus schädlich ist oder sich in einer ungünstigen Himmelsstellung befindet, nicht gleichermaßen Gutes und Schlechtes hervorrufen, sonst wäre es falsch zu sagen, es handele sich um einen Übeltäter oder einen in einer ungünstigen Himmelsstellung.

Planeten, die von Natur aus gut sind oder sich in einer guten

Himmelsstellung befinden, bringen Gunst, indem sie in glücklichen Häusern Gutes gewähren und das Böse der unglücklichen Häuser verhindern. Planeten, die von Natur aus bösartig sind oder sich in einer ungünstigen Himmelsstellung befinden, bringen Böses in die unglücklichen Häuser. In den glücklichen Häusern verhindern sie das Gute.

Wenn ein Planet jedoch durch seine eigene Natur oder himmlische Stellung in glücklichen Häusern Gutes und in unglücklichen Häusern Böses hervorbringt, gäbe es keinen Grund zu sagen, dass er von Natur aus wohltätiger als bösartig oder durch seine himmlische Stellung günstiger als ungünstig ist.

Das Gute wird nicht nur durch das Erscheinen des tatsächlich Guten dargestellt. Es zeigt sich auch durch die Verhinderung des Bösen. Das Böse wird ebenfalls durch die Verhinderung des Guten dargestellt. Auf diese Weise wird das Gute durch die Verursachung des Bösen verhindert und das Böse wird durch die Verursachung des Guten verhindert.

Nachdem die Determination eines Planeten durch die tatsächliche Stellung bekannt ist, müssen seine anderen Determinationen im Horoskop berücksichtigt werden. Erstens hat ein Planet neben seiner Determination durch seine Hausstellung eine weitere Determination durch seine Herrschaft. Wenn sich die beiden Determinationen auf dasselbe Haus beziehen, wird der Planet maximalen Einfluss auf die Angelegenheiten dieses Hauses haben. Wenn er in einem guten Haus ist, wird er besondere Dinge auffällig bewirken. In einem ungünstigen Haus sind sie mittelmäßig oder werden sogar verhindert.

Wenn sich Hausstellung und Herrschaft des Planeten auf unterschiedliche Häuser beziehen, das heißt, wenn sich der Planet in einem Haus befindet, aber Hausherrscher eines anderen ist, werden die Bedeutungen beider Häuser miteinander kombiniert.

Die Bedeutung des Hauses, in welchem der Planet steht, hat jedoch den Vorrang, da der tatsächliche Standort eines Planeten eine größere Wirkung hat als seine Herrschaft über ein anderes Haus, in dem er sich nicht befindet.

Wenn sich also ein Planet in einer guten Himmelsstellung im zweiten Haus befindet und er ist gleichzeitig Herrscher des siebten, wird der Geborene Geld durch Heirat, Rechtsstreitigkeiten oder Konflikte erhalten.

Befände sich der Herrscher des zehnten Hauses im zweiten, käme das Geld durch den Beruf und guten Ruf des Geborenen. Wenn sich andererseits ein Planet in einem ungünstigen Himmelszustand als Herrscher des siebten oder zehnten im zweiten Haus befände, würde das Gegenteil eintreten. Dann wären die finanziellen Schwierigkeiten eine Folge der Heirat, von Rechtsstreitigkeiten, Konflikten oder durch berufliche Aktivitäten.

Ein Planet sollte keine Determination durch eine Hausherrschaft haben, die der Bedeutung seiner aktuellen Häuserstellung widerspricht.

Zum Beispiel wäre ein Mars im ersten Haus, der Herrscher des achten Hauses ist, für das Leben selbst schädlich und stünde für einen gewaltsamen Tod oder für die Gefahr eines solchen.

Darüber hinaus kann ein Planet, dessen Einfluss bereits durch seinen Standort verändert wird, durch die Konjunktion oder einen anderen Aspekt mit einem anderen Planeten eine weitere Veränderung erfahren, die dessen der Natur und Bedeutung entspricht.

Ein Wohltäter im zehnten Haus, der eine Konjunktion oder ein Trigon zur Sonne bildet, zeigt zum Beispiel eindeutig Ansehen und Ehrungen an, weil die Sonne mit Ansehen und Prestige vergleichbar ist. Die Sonne im zweiten Haus und im Trigon zu Jupiter zeigt Reichtum an.

Ein Übeltäter im achten Haus in Konjunktion, im Quadrat oder in Opposition zu Mars spricht für einen gewaltsamen oder grausamen Tod. Ein Übeltäter im zwölften Haus und im Quadrat zu Saturn steht für Gefängnis und bedrohliche Krankheiten und so weiter. Ob die jeweilige Wirkung tatsächlich eintrifft, hängt vom Zustand der beteiligten Planeten ab.

Schließlich ist es möglich, dass ein Planet durch die Stellung und Herrschaft eines anderen Planeten beeinflusst wird und dass sich die Beteiligten gegenseitig modifizieren. Ein Planet im ersten Haus, der Herrscher des zehnten oder durch einen starken Aspekt mit ihm verbunden ist oder zu einem Planeten im zehnten einen guten Aspekt bildet, macht den Geborenen zu herausragenden Taten geneigt. Er sagt einen Beruf voraus, der zu gutem Ansehen, Ehre und Prestige führt. Ein Planet im ersten Haus, der in Konjunktion, Quadrat oder Opposition zum Herrscher des achten steht, zeigt die Gefahr eines gewaltsamen Todes an.

Das gleiche Prinzip kann man auf die anderen Planeten und Häuser anwenden, insbesondere wenn die Bedeutungen der Häuser kombiniert werden können. Hierin liegt das wahre Geheimnis der Beurteilung. Es ist auch klar, wie wichtig es ist, die geeignetste Methode zum Erstellen eines Horoskops herauszufinden, da das Verfahren die Determination der Planeten durch ihre Stellung in den Häusern und ihre Häuserherrschaft beeinflussen wird.

Was hier über einen einzelnen Planeten in einem Haus gesagt wurde, muss im Zusammenhang mit dem Herrscher des jeweiligen Hauses beurteilt werden. Dazu gehört das Wissen, dass die Stellung eines Planeten in einem Haus Vorrang hat vor seinem Häuserherrscher.

2.3 Mehr als ein Planet in einem Haus

Befinden sich mehrere Planeten im selben Haus, werden die wesentlichen Bedeutungen des Hauses von allen vorhandenen Planeten beeinflusst. Dies geschieht durch jeden Planeten gemäß der Art der Himmelsstellung sowie durch seine anderen Determinationen, die in Bezug zum Haus stehen. Das wurde bereits in Kapitel 2.2 für den einzelnen Planeten dargestellt.

Aus dieser Untersuchung sollte klar werden, welcher dieser Planeten die größte Macht hat, die Hausbedeutungen zu gewähren, zuleugnen und zu beseitigen oder Unglück zu verursachen. Sie zeigt, inwieweit der Planet dabei von den anderen unterstützt oder behindert wird und was man von jedem in Bezug auf die Angelegenheiten des Hauses erwarten kann. Die Kombination der Einflüsse wird dann zusammenfassend beurteilt. Dies geschieht normalerweise nicht ohne gewisse Schwierigkeiten, die umso größer sind, je mehr Planeten sich im Haus befinden. Das gilt besonders, wenn Wohltäter und Übeltäter zusammen auftreten. Wenn alle Planeten entweder Übeltäter oder Wohltäter sind, ist das Urteil einfach. Dabei sollte man Folgendes berücksichtigen.

Erstens: Wenn sich drei, vier oder fünf Planeten im selben Haus befinden, ist das Haus deutlich wichtiger als die anderen Häuser. Im Zusammenhang mit den Angelegenheiten dieses Hauses zeigt es etwas Außergewöhnliches an. Je mehr Planeten sich in dem Haus befinden, desto stärker weisen sie auf etwas Wichtiges zum Guten oder Schlechten hin.

Ein Beispiel dafür ist mein eigenes Horoskop[15], in dem sich Venus, Sonne, Jupiter, Saturn und Mond im zwölften Haus befinden. Ich hatte mehrere schwer heilbare Krankheiten. Mehr als einmal wurde ich wegen jugendlicher Torheiten beinahe ins Gefängnis gesteckt. Darüber hinaus erlebte ich alle möglichen gefährlichen Situationen und mindestens zehnmal war ich kurz vor einem gewaltsamen Tod. Sechzehnmal stellte ich mich in den Dienst anderer, was einer Inhaftierung oder Gefangenschaft ähnelte. Ich hatte viele Feinde und Neider, die mich ungerecht behandelten. Einer davon war Kardinal Richelieu.

Diese Übel verursachte Saturn im zwölften Haus, weil er eine Analogie zu ihnen hat. Ich entzog mich immer dem Schlimmsten, weil sich Jupiter und Venus in einem guten himmlischen Zustand befinden. Es ist wahr, dass ich mehr als fünfmal durch die göttliche Güte und Barmherzigkeit aus der Gefahr eines gewaltsamen Todes gerettet wurde. Einmal geschah dies auf wundersame Weise, als ich von einem Pferderücken geworfen wurde und in größter Todesgefahr war. Möge der Herr von allen seinen Heiligen gepriesen sein. Ich bin für alle Ewigkeit unter ihnen, Amen.

Eine Situation, die ganz oben genannt wurde, zeigt das Horoskop des bekannten Louis Tronson. Dort finden wir im zehnten Haus

---

15 Siehe Seite 26.

Mond, Jupiter, Venus und Merkur. Sie werden von der Sonne im elften regiert. Für seine herausragenden Leistungen und treuen Dienste erhielt er von König Ludwig XIII. viele hohe Auszeichnungen.

Darüber hinaus wird ein ähnliches Stellium im Horoskop von Henri d'Effiat angezeigt, indem sich die Sonne, Jupiter und Mars im achten Haus befinden. Sein Tod war durch den Mars gewaltsam, durch die Sonne in der Öffentlichkeit und geschah aufgrund des Jupiters durch eine richterliche Entscheidung.

Zweitens: Wenn sich mehrere Planeten im selben Haus befinden, handelt jeder gemäß seiner Natur und Bestimmung, sowohl einzeln als auch in Verbindung mit den anderen Planeten.

Drittens: Ein anderer Fall liegt vor, wenn zwischen einem der Planeten im selben Haus eine Analogie zu den Angelegenheiten des Hauses besteht oder wenn er der Herrscher über die anderen ist. Es könnte auch sein, dass ein Planet eine Analogie zur Eigenart des Hauses hat, während ein anderer darüber herrscht. Diese Planeten sind in erster Linie zu berücksichtigen, denn sie sind am besten in der Lage, das Wohl des Hauses hervorzubringen, Übel zu verursachen oder es zu entfernen. Daher sind in meinem Horoskop Jupiter und Saturn dominant.

Bei Henri d'Effiat ist im achten Haus der Mars der wichtigste Planet. Er entspricht dem gewaltsamen Tod und ist gleichzeitig Herrscher über die anderen Planeten.

Viertens: Der Planet, welcher der Häuserspitze am nächsten steht, sollte besonders beachtet werden, da diese Position aufgrund der Stärke der Spitze sehr wichtig ist. Danach sucht man den dominanten Planeten. Er ist entweder Herrscher des Hauses, steht erhöht, hat eine Analogie zur Bedeutung des Hauses oder befindet sich am nächsten zur Häuserspitze. Wenn sich alle genannten Eigenschaften auf denselben Planeten beziehen, hat dieser bei weitem den größten Einfluss auf die Angelegenheiten des Hauses.

Fünftens: Wenn zwei oder mehrere Planeten im selben Haus platziert sind und einige den Bedeutungen des Hauses entsprechen, während andere ihnen widersprechen, muss man ebenfalls feststellen, welcher Planet am mächtigsten ist.

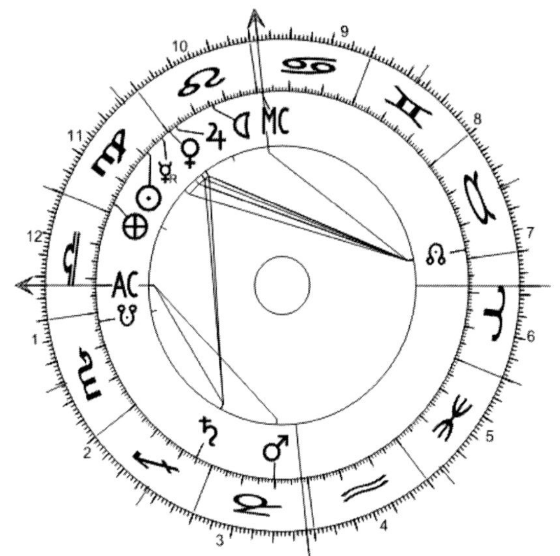

Abbildung 4: Louis Tronson

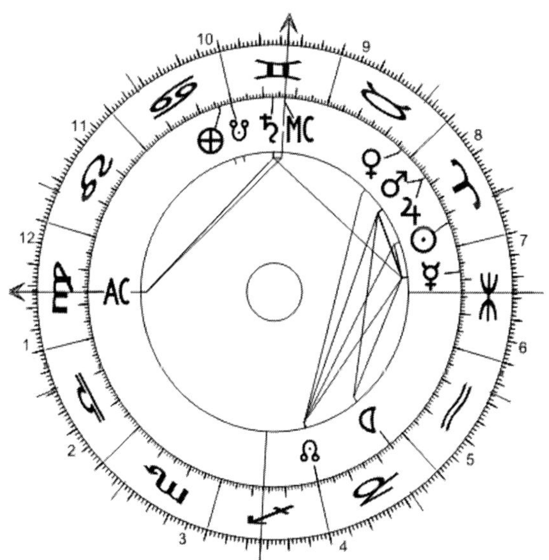

Abbildung 5: Henri Coiffier d"Effiat

Es könnten sich zum Beispiel Sonne und Saturn im zehnten Haus befinden. Die Sonne hat eine Analogie zu Ansehen und Ehre, während der Saturn von Natur aus im Gegensatz dazu steht. Dies bewirkt, dass sie das Gute oder Schlechte des Hauses hervorbringen können. Sie könnten auch das Gute oder Schlechte beseitigen oder es behindern, wie es im Kapitel 2.2. beschrieben wird. Dabei hat immer der stärkere Planet die größere Wirkung.

Die Bewertung des Gleichgewichts zwischen Gut und Böse sollte immer wohl durchdacht und nicht vorschnell sein. Wenn sich zum Beispiel Saturn in Krebs befindet und die Sonne im Löwen, werden sich durch die Kraft der Sonne im Löwen und durch ihre Analogie Ehrungen einstellen. Sie werden aber wegen des Saturns nicht frei von Problemen sein. Er widerspricht dem guten Ansehen und Ehren von Natur aus, wenn er sich in einer ungünstigen himmlischen Stellung befindet. Wenn beide peregrin stünden, etwa im Skorpion, würde die Ehre von keinem Planeten angezeigt werden. In dem Maße, wie die Sonne dafürspricht, widersetzt sich dabei der Saturn.

Es ist möglich, dass beide in anderer Weise auftreten. Beispielsweise könnte Jupiter zusätzlich ein Trigon zur Sonne bilden. Dennoch müsste aufgrund des Saturns zusammen mit dem Ansehen ein Unglück erwartet werden. Wenn sich jedoch beide in der Waage aufhielten, stünde die Sonne hier im Exil und Saturn erhöht. Deshalb könnte eine Steigerung des Ansehens durch den erhöhten Saturn zustande kommen. Die Sonne würde diese durch ihre Analogie mehr begünstigen, als sie sich durch ihre Platzierung im Exil widersetzen würde. Ähnliche Urteile sind in allen anderen Fällen sorgfältig zu überdenken.

Sechstens: Es kommt häufig vor, dass zwei Wohltäter oder Übeltäter im selben Haus gefunden werden, manchmal auch nur ein Wohltäter mit einem Übeltäter. Zwei Wohltäter weisen immer auf etwas Gutes hin, indem sie das Gute verleihen oder vom Bösen befreien. Dieses Ergebnis ist umso sicherer, je besser ihr Himmelszustand ist.

Zwei Übeltäter weisen immer auf etwas Böses hin, indem sie das

Böse verursachen sowie das Gute verhindern oder verderben. Das gilt jedoch nicht, wenn die Übeltäter durch das Zeichen oder in glücklichen Häusern stark gestellt sind.

Für Herrn de Chavigny waren zum Beispiel Saturn und Mars im Steinbock im zweiten Haus von Vorteil für seinen Wohlstand. Bei Prinz Gaston de Foix zeigten Mars im Steinbock und Saturn im Wassermann im siebten Haus Vorteile im Zusammenhang mit der Ehe an.

Das Gute, das durch Übeltäter verursacht wird, ist niemals unvermischt mit Bösem. Deshalb führen sie in Sachen Reichtum zu Geiz oder Vergewaltigung und in der Ehe zum Tod des Ehegatten oder der Ehegattin. Mit anderen Worten, sie bereiten trotz ihrer Macht ernsthafte Schwierigkeiten, die Vorteile des Hauses zu gewähren.

Siebtens: Wenn in einem glücklichen Haus ein Wohltäter auf einen anderen Wohltäter folgt, wird das daraus resultierende Gute mit Sicherheit kommen und stabil bleiben. Wenn aber ein Übeltäter dem Wohltäter folgt, wird das Gute letztlich behindert oder in Bösem enden. Wenn ein Wohltäter einem Wohltäter in einem unglücklichen Haus folgt, werden die Übel nicht stattfinden oder stark abgeschwächt.

Wenn ein Übeltäter einem Wohltäter folgt, wird das Böse aufgrund der Natur des Hauses sicher auftreten, während, wenn ein Wohltäter einem Übeltäter folgt, tritt das Böse ebenfalls auf, der Geborene wird aber letztlich davon befreit.

Wenn ein Übeltäter einem anderen Übeltäter folgt, sind die Übel am schwerwiegendsten und der Geborene wird nicht davon befreit.

Beachten Sie jedoch, dass mit »wohltätig« oder »bösartig« auch die kombinierte Bewertung der Natur des Planeten, seine Himmelsstellung und lokale Determination gemeint sind.

Ein Wohltäter, der im zehnten Haus in Konjunktion mit einem erhöhten Saturn steht, zeigt mit Sicherheit vermehrte Anerkennung und Ehrungen an. Im Gegensatz dazu sagt ein Planet im zwölften Haus, der mit dem Herrscher des achten eine Konjunktion bildet, Krankheit und ernsthafte Lebensbedrohung vorher.

Achtens: Wenn sich zwei oder mehr Planeten im selben Haus

befinden und ihr Herrscher ist in einem anderen Haus, sollte man das Haus, in dem der Herrscher steh,t gut betrachten, denn der Ursprung des Guten oder Bösen liegt in den Angelegenheiten dieses Hauses.

Im Horoskop von Louis Tronson stehen zum Beispiel Mond, Jupiter und Venus im zehnten Haus, während sich ihr Herrscher Sonne im elften befindet. Dies sagt öffentliche Beförderungen und Ehren durch edle oder fürstliche Freunde voraus.

Neuntens: Zwei Planeten im selben Haus können auf neun verschiedene Arten miteinander kombiniert werden, wobei jeweils jeder auf drei verschiedene Arten zu beurteilen ist:

- nach der eigenen Natur,
- der Himmelsstellung
- und nach der lokalen Determination, das heißt, der Häuserstellung im Horoskop.

Alle daraus folgenden Schlussfolgerungen können mit denselben drei Bedingungen des anderen Planeten kombiniert werden. Gerade hier entstehen in der prognostischen Astrologie die größten Schwierigkeiten.

2.4 Der Häuserherrscher befindet sich in einem anderen Haus: Soll man die Bedeutungen der beide Häuser immer miteinander kombinieren?

Wir beurteilen nun eine äußerst wichtige Angelegenheit, die bisher von anderen Schriftstellern ignoriert wurde.

Wie bereits gezeigt wurde, handelt ein Planet nicht unabhängig vom Zeichen, in dem er steht, und er ist immer von ihm abhängig. Das Zeichen gehört zum Primum Caelum oder zur ersten Ursache der Natur. Dieses Zeichen wurde in Übereinstimmung mit der gegebenen Natur der Planeten vom Schöpfer der Welt, *Initio Mundi*, geschaffen.

Der Aufenthalt eines Planeten in einem Zeichen funktioniert in der Art einer Verbindung oder Partnerschaft. Auch im Geburtshoroskop verhält er sich auf diese Weise. Durch seine Position im Caelum nimmt der Planet eine Bedeutung an, die seiner Natur und Stellung im Zeichen entspricht. Aus dieser Kombination können wir schließen, ob sich ein Planet in einem guten oder ungünstigen himmlischen Zustand befindet.

Die Beziehungen zwischen den Planeten und Zeichen im Geburtshoroskop bleiben für den Geborenen das ganze Leben erhalten. Zum Beispiel befindet sich die Natur einer Sonne im Wassermann für die gesamte Lebenslänge in einem ungünstigen himmlischen Zustand. Dies zeigt die Direktion der Signifikatoren zu diesen Stellungen ebenso wie die Planetentransite über sie. Das geschieht, weil die Transitplaneten gemäß der Natur und den Bedingungen ihrer Positionen handeln. Das beweist die alltägliche Erfahrung.

Die Wirkung eines Zeichens hängt zusätzlich immer von der Art und Qualität des Herrschers ab, denn er ist die wirkliche Ursache.

Würde der Herrscher eines Zeichens von der Welt weggenommen, würde das Zeichen nicht länger als Zeichen, sondern nur als Teil des Primum Caelum wirken.

Deshalb sagt man zu Recht, ein Planet regiert das *Zeichen*, über das er den Vorsitz führt. Ebenso regiert er das *Haus*, in welches das Zeichen fällt.

Wir können auch sagen, er regiert die wesentlichen Bedeutungen des Hauses, da dessen Ausdrucksform und Entwicklung von seinem Herrscher als von einer wirksamen Ursache abhängt.

Weniger richtig wird gesagt, dass der Herrscher einen anderen Planeten regiert, der dort im Zeichen steht. Wenn sich jedoch zum Beispiel der Mars von der Welt entfernen würde, hörte der Jupiter, der in dem *Caelum-Abschnitt* platziert ist, der Widder genannt wird, nicht auf, gemäß seiner Jupiternatur zu handeln. Obwohl Widder und Jupiter ihre Eigenschaften kombinieren können, handelt jeder getrennt und in Übereinstimmung mit seiner eigenen Natur. Der Widder ist kriegerisch und Jupiter wohlwollend. Wenn sich also der

Mars von der Welt entfernen würde, hörte auch die kriegerische Qualität des Widders auf, aber nicht die wohlwollende Natur des Jupiters.

Ein Planet handelt nicht nur in Übereinstimmung mit seiner Natur, sondern auch mit der seines Himmelszustandes. Dieser ändert sich je nach Zeichen und Aspekten mit anderen Planeten. Das bedeutet: *Die Wirkung eines Zeichens hängt ebenfalls von der Natur und dem Himmelszustand seines Herrschers ab.*

Das beweist die Erfahrung, wenn zum Beispiel der Herrscher des Aszendenten im Exil steht und er sich in Konjunktion, im Quadrat oder in Opposition zu einem Übeltäter befindet. Dies wirkt sich für die Bedeutung des Aszendenten immer schlecht aus.

Ein Planet handelt nur in Abhängigkeit von seiner Zeichenstellung, sowie von der Natur und dem Zustand dessen Herrschers. Das Wirken eines Planeten, der nicht in seinem eigenen Zeichen steht, hängt von der Natur und dem Zustand des anderen Zeichenherrschers ab.

Wenn man also die Angelegenheiten des Aszendenten bewertet, die für die physische Konstitution, den Charakter und das Temperament stehen, sollte man nicht nur alleine den Herrscher des Aszendenten betrachten. Wenn dieser nicht in seinem eigenen Zeichen, seinem Domizil steht, muss man auch den Herrscher des anderen Zeichens berücksichtigen. Ich nenne diesen Planeten den Zweitherrscher des Aszendenten.

Der Zweitherrscher des Aszendenten stellt bei der Gestaltung der Angelegenheiten des Aszendenten häufig die Hauptkraft dar. Er ist für die Deutung äußerst wichtig. Gleiches gilt für den Herrscher des MC, die Sonne usw.

Man betrachtet jedoch nicht weiter den Herrscher des sekundären Herrschers als wirkungsvoll, da man sonst in einen Teufelskreis gerät. Je mehr das Licht gebogen wird, desto schwächer wird es, und das gilt auch für die Herrscher.

Die Handlung eines Planeten kann in Bezug auf die gesamte Welt als universell und unbestimmt angesehen werden, nicht spezifisch, wie im Geburtshoroskop eines Individuums. Ebenso kann ein Zeichen in seiner universellen Wirkung als ausschließlich vom Himmelszustand seines Herrschers abhängig betrachtet werden. In seiner besonderen Wirkung auf ein Individuum bei der Geburt hängt es vom irdischen Zustand seines Herrschers oder von dessen lokaler Determination im Horoskop ab.

Die besondere Wirkung eines Tierkreiszeichens bei der Geburt eines Individuums ist vom irdischen Zustand seines Herrschers abhängig oder von seiner lokalen Determination im Horoskop, das heißt von seiner Häuserstellung.

Deshalb erhebt die Sonne als Aszendentenherrscher, die im zehnten Haus steht, den Geborenen zu Ansehen und Ehren. Im achten Haus und in Konjunktion mit Saturn oder Mars weist sie darauf hin, dass der Mensch an einem öffentlichen Ort und durch Gewalt sterben könnte.

Die Handlung eines Planeten ist direkt und zeigt etwas an, das sich auf das Haus bezieht. Durch seine Stellung im Horoskop hat er eine größere Wirkung als in seiner Bestimmung durch die Herrschaft. Deshalb heißt es: *»Die Stellung im Haus ist stärker als die Herrschaft.«*

Betrachten Sie das Zeichen Steinbock im zwölften Haus, das Saturnkrankheiten bedeutet, mit einem Saturn im zehnten: Der Steinbock leitet seine Natur vom Saturn *Initio Mundi* ab und wird etwas Saturnisches bewirken. Krankheiten entstehen nicht aufgrund des Saturn, sondern aufgrund der Lage des Steinbocks im zwölften Haus. Da sich dieses Haus auf Krankheiten bezieht, zeigt das Saturnzeichen Steinbock die besondere Art der Krankheit an. Kurz gesagt: Steinbock im zwölften Haus verursacht Saturnkrankheiten. Die Kraft, sie zu verursachen, liegt jedoch nicht im Zeichen Steinbock, sondern bei seinem Herrscher Saturn. Von ihm hängt die Handlung des Steinbocks ab, wie an anderer Stelle bereits angegeben wurde.

Wenn also der Saturn im zehnten Haus einen größeren Einfluss auf die Angelegenheiten des zwölften Hauses ausübt als das Zeichen Steinbock im zwölften, wird er einen noch größeren Einfluss auf die Angelegenheiten des zehnten haben als auf das zwölfte. Wenn der Saturn tatsächlich im zehnten Haus steht, handelt er im zehnten alleine, aber im zwölften durch die Vermittlung seines Zeichens. Aus ähnlichen Gründen bezieht sich der Herrscher des ersten Hauses im neunten in Konjunktion mit dem Herrscher des siebten mehr auf die Religion als auf die Ehe, Konflikte usw.

Andererseits neigt der Herrscher des ersten Hauses im siebten in Konjunktion mit dem Herrscher des neunten mehr zur Ehe, zu Rechtsstreitigkeiten und zu Konflikten als zur Religion.

Das erste Haus bildet dennoch eine Ausnahme, denn seine wesentlichen Bedeutungen, die physische Konstitution, der Charakter usw., sind vorrangig. Sie bilden die Grundlage aller anderen Eigenschaften und müssen immer zuerst bewertet werden.

Der Charakter und andere Bedeutungen des ersten Hauses werden durch den Aszendentenherrscher klarer beschrieben, als die Angelegenheiten der anderen Häuser durch die Planeten, die sich in diesen befinden. Das gilt selbst für einen Planeten, der mit dem Aszendentenherrscher verbunden ist.

Daher beschreibt der Herrscher des ersten Hauses, wenn er in einem anderen Haus steht, die physische Konstitution, Lebensdauer, den Charakter und die Disposition in Übereinstimmung mit den Bedeutungen des Hauses, in dem er sich tatsächlich befindet. Der Planet hat eine noch größere Wirkung, wenn er dieses andere Haus zusätzlich regiert.

Was die verbleibenden Häuser betrifft, so weist zum Beispiel der Herrscher des zwölften im elften Haus auf verborgene Feinde hin, die eher Freunde werden, als umgekehrt. Für alle anderen Häuser ist die Argumentation die gleiche.

Es kann eingewendet werden, dass das MC in Fragen des Ansehens, der Ehre und des Berufs als wichtiger angesehen werden sollte als der Herrscher des MC, selbst wenn er sich ebenfalls im zehnten Haus befindet. Das würde durch die Direktionen bewiesen. Das kommt daher, dass in den Angelegenheiten des zehnten Hauses nur die Anweisungen von Ptolemäus und seinen Nachfolgern bezüglich des MC berücksichtigt werden. Deshalb wird das Zeichen als wirksamer angesehen als sein Herrscher, unabhängig davon, ob er dort sein Domizil hat oder nicht.

Ich denke, dass das MC die größere Macht nicht aufgrund seines Zeichens oder Zeichengrades besitzt, sondern weil die zehnte Hausspitze einen bestimmten Grad einnimmt. Er ist der effektivste Punkt dieses Hauses, unabhängig davon, wie viel Grad oder welches Zeichen er besetzt. Deshalb ist die Wirkung eines Planeten, der diesen Grad ebenfalls einnimmt, wirkungsvoller als der Grad an sich, insbesondere wenn dieser Planet in seinem eigenen Zeichen steht. Andernfalls ist seine Natur aufgrund der Kombination der verschiedenen Eigenschaften schwächer.

Man sollte beachten, dass ein Häuserherrscher in diesem Haus eine bemerkenswerte Macht hat, die Angelegenheiten des Hauses zu unterstützen, wenn er ein Wohltäter oder in einem glücklichen Zustand ist. Das gilt vermehrt, wenn der Planet eine Analogie zu den Angelegenheiten des zehnten Hauses hat.

Ein Planet im eigenen Zeichen ist in seiner Qualität ungemischt. Er ist nur für sich selbst verantwortlich und in seiner Wirkung unabhängig von anderen Planeten. Daher ist er sehr stark und allgemein nützlich. Wenn er sich in einem unglücklichen Haus wie dem achten oder dem zwölften befindet, befreit er vom Bösen oder verspottet es zumindest.

Selbst Saturn und Mars verhalten sich so, es sei denn, sie werden durch andere Einflüsse unglücklich gemacht. Das gilt beispielsweise für die Aspekte mit Planeten, die durch ihre Natur oder Ausrichtung schädlich sind, oder wenn sie ein Quadrat, eine Konjunktion oder Opposition zu den Lichtern Sonne und Mond, sowie zum Herrscher des Aszendenten oder des MC bilden.

Ein Planet, der ein Haus regiert und in einem anderen steht, beeinflusst nicht nur die Bedeutung des Ersteren, als wäre er in diesem Haus und nur schwächer. Er kombiniert die wesentlichen Bedeutungen der beiden Häuser. Dabei vermittelt er, was für die beiden Häuser möglich ist und was seiner eigenen Natur, Analogie und Himmelsstellung entspricht.

Das geschieht, weil das Zeichen eines jeden Hauses die Hausangelegenheiten entsprechend seines Herrschers, das heißt, je nach seiner Natur sowie seiner himmlischen und irdischen Stellung beeinflusst. Mit irdischer Stellung ist die lokale Determination, das heißt, vor allem die Häuserstellung im Horoskop, gemeint.

Wir müssen jedoch zuerst feststellen, ob ein Planet, der in einem Haus platziert ist und gleichzeitig über ein anderes herrscht, die wesentlichen Bedeutungen beider Häuser wirklich kombinieren kann. Dabei ist wichtig, ob die Eigenschaften seines aktuellen Standorts etwas ermöglichen, das unabhängig von seiner Zeichenherrschaft ist, oder nicht. Dieser Punkt ist von größter Bedeutung.

Erstens: Jeder Planet ist durch seine eigene qualitative Kraft aktiv und unabhängig vom Zeichen, das er regiert. Von ihm erhält er keine Handlungskraft. Im Gegenteil:

Das Zeichen erhält seine Kraft von dem Planeten, der sein Herrscher ist.

Daher kann ein Planet durch die Hausposition handeln, ohne dass seine Bestimmung durch die Herrschaft über ein anderes Haus beteiligt ist.

Das wird durch die Tatsache bestätigt, dass Saturn im zwölften Haus immer Krankheiten, Inhaftierungen oder Feinde verursacht. Er hat nicht die Macht, dies direkt zu tun, obwohl seine Natur analog zu diesen zwölften Hausangelegenheiten sein mag. Der Saturn selbst ist gleichgültig gegenüber Leben, Krankheit, Gesundheit, Wohlstand usw. Er übernimmt diese Macht auch nicht von seinen eigenen Zeichen Wassermann und Steinbock oder aus den Häusern, in welche diese Zeichen fallen. Tatsächlich verursachen alle Häuser, in die sie fallen, Krankheiten, wenn Saturn im zwölften Haus steht. Daraus folgt, dass die Kraft nur von seinem Standort im zwölften Haus kommt, denn es ist das Haus der Krankheit. Daraus folgt:

Jeder Planet bewirkt etwas durch seine tatsächliche Position im Horoskop. Sie ist unabhängig von seiner Herrschaft über andere Häuser.

Zweitens: Ein Planet, der außerhalb seines eigenen Zeichens steht, verursacht etwas aufgrund des Hauses, in dem er sich aufhält, und etwas anderes aufgrund seiner Herrschaft über ein anderes Haus. Diese beiden Wirkungen haben nicht unbedingt eine wechselseitige Verbindung, sodass sich notwendigerweise eine Wirkung aus der jeweils anderen ergibt. Jeder für sich gehört einer anderen Klasse an und diese sind sehr unterschiedlich.

Drittens: Wenn Saturn, Jupiter, Mars, Venus und Merkur, die jeweils zwei Zeichen regieren, nicht entsprechend dem Haus handeln könnten, ohne gleichzeitig auch die Herrschaft zu übernehmen, würde sich daraus ergeben, dass jede Aktion dieser Planeten, wenn sie außerhalb ihrer eigenen Zeichen platziert ist, immer eine Kombination der Bedeutungen von drei, vier oder fünf Häusern des Horoskops wäre. Dazu würde das Haus gehören, in dem sich der Planet befindet, sowie die zwei Zeichen, die er beherrscht. Das ist absurd und widerspricht der Erfahrung.

Zum Beispiel ist Saturn in meinem eigenen Horoskop der Signifikator für Krankheiten. Durch die Direktion zur Sonne bekam ich um das achte Lebensjahr Quartanfieber. Als der dirigierte Aszendent 1616 mit dem Saturn im Quadrat stand, bekam ich eine lang anhaltende und schwere Krankheit. Obwohl Saturn das neunte, zehnte und elfte Haus regiert, wäre es völlig falsch anzunehmen, dass seine Bedeutungen Religion, Reisen und Beruf mit diesen Krankheiten übereinstimmen oder mit ihnen in irgendeiner Weise in Verbindung stehen.

In ähnlicher Weise war es beim Jupiter im Horoskop von Louis Tronson im zehnten Haus. Er sagte Anerkennung und Beförderung voraus und regierte das zweite, dritte und fünfte Haus. Es ist jedoch falsch, dass die entsprechenden Ehrungen durch eine Kombination von Reichtum, Brüdern, Verwandten oder Kindern entstanden. Nur durch sein eigenes Verdienst und als Gegenleistung für seinen Rat erhielt er von König Ludwig XIII. diese Ehrungen. Seine Fähigkeiten halfen mit, den späteren französischen Staatssekretär de Luynes von der tyrannischen Macht von Concini, dem Marquis d'Ancre, zu befreien.

Für Tronson ereignete sich ein höchst ungewöhnliches Ereignis, als er achtzehn Jahre alt war. Die Pariser hatten sich gegen Henri Bourbon, König von Frankreich und Navarra, zusammengetan und den Vater von Tronson in das Parlament gewählt. Er war ein treuer,

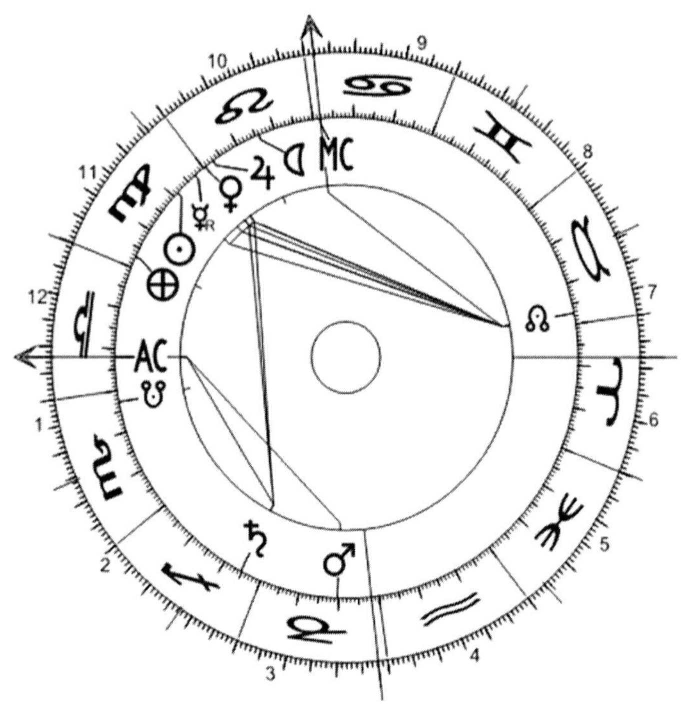

Abbildung 6: Louis Tronson, 22.8.1576, 9:19 LMT, Paris

wenn auch geheimer Diener des Königs und wollte das heilige Siegel nicht annehmen. Die Pariser forderten weiterhin, dass zumindest sein Sohn Louis das Siegel annimmt und dass er es an dem Tag, an dem er das Siegel anbringen sollte, in den Rat bringen und in seiner Gegenwart auf die erforderlichen Dokumente setzen sollte. Der Vater, der aus Angst vor den Verschwörern zustimmte, sollte dem König seine Treue zeigen.

Auf diese Weise erhielt Tronson im Alter von achtzehn Jahren selbst eine Position im Parlament. Diese öffentliche Ehre kam durch die Direktion des MC auf den Mond, den Herrscher des MC, und den ersten der Planeten im zehnten Haus, die das MC durch die Direktion erreichte. Es hatte nichts mit Religion oder Reisen zu tun, obwohl der Mond auch Herrscher des neunten Hauses war.

Außerdem kam der dirigierte Mond auf die Venus, die Herrin des Aszendenten. Danach erreichte er den Merkur, Herrscher der Sonne. Das Gleiche gilt für viele Ereignisse, die in anderen Horoskopen gezeigt werden.

Wir können also den Schluss ziehen, dass ein Planet in einem bestimmten Haus und als gleichzeitiger Herrscher eines anderen nicht immer eine Kombination der Bedeutungen beider Häuser bewirkt. Manchmal wirkt er aufgrund seiner tatsächlichen Stellung, dann wieder durch die eine oder andere Herrschaft, wenn er über mehr als ein Zeichen und ein Haus herrscht.

Zum Beispiel würde sich die Direktion des Aszendenten auf den Mars im ersten Haus – als Herrscher des zwölften – auf eine Krankheit beziehen oder der Herrscher des MC würde sich auf den Beruf und das Prestige beziehen.

Manchmal gibt es jedoch eine wirksame Kombination der Natur und Stellung des Planeten mit den Bedeutungen des einen oder anderen der von ihm beherrschten Häuser. Sie ergibt sich aus den für diese Bedeutungen möglichen Kombinationen und dem Zustand des Planeten selbst, denn nicht immer sind alle gleichzeitig daran beteiligt.

Außerdem wird eine Kombination der Bedeutungen der Stellung mit denen der Herrschaft angezeigt, wenn die Kombination zumindest möglich ist. Möglicherweise findet die Kombination jedoch erst zu einem späteren Zeitpunkt statt.

Es kommt gelegentlich vor, dass ein Planet, der ein Haus regiert, während er sich in einem anderen befindet, hauptsächlich durch seinen Standort handelt und erst später die Bedeutung seiner Stellung mit der seiner Herrschaft verbindet.

Zum Beispiel war Mars im Horoskop von Tronson Herrscher des zweiten Hauses. Er stand aber im dritten und war damit der Hauptsignifikator für seine Geschwister. Der Mars zeigte durch seine bösartige Natur ihren Tod an, zumal Saturn auch im dritten Haus stand und zugleich das vierte regierte. Da jedoch ein Planet Herrscher über das zweite und der andere Herrscher über das vierte war, wurden die Erbschaften und der Reichtum, die Tronson durch den Tod seiner Geschwister erlangte, recht deutlich angezeigt. Zufällig wurde er als der Letztgeborene von dreizehn Kindern der Erbe von allen anderen.

Im Gegensatz dazu handelt ein Zeichen in einem Haus, wenn sein Herrscher in einem anderen steht, immer in Übereinstimmung mit dessen Natur und Himmelszustand. Es handelt jedoch nicht immer in Übereinstimmung mit seiner irdischen Stellung, das heißt, seiner Häuserstellung im Horoskop.

Andernfalls würde die berufliche Tätigkeit eines Geborenen zwangsläufig mit dem Tod oder einer Todesgefahr verbunden sein, wenn sich der Herrscher des MC im achten, zwölften, siebten oder vierten Haus befindet, entsprechend der Bedeutung dieser Häuser. Das widerspricht der Erfahrung und Tatsache, dass die Angelegenheiten der beiden betroffenen Häuser zehn und acht ganz anders geartet sind.

Daher kann eine Kombination nur für eine bestimmte Zeit in der Zukunft vorhergesagt werden, jedoch nicht kontinuierlich oder für jede Möglichkeit.

2.5 Wie ein Planet, der über ein Haus herrscht und sich in einem anderen befindet, die Bedeutungen der Häuser miteinander verbindet

Nach dem im vorhergehenden Kapitel Gesagten ist klar, dass ein Planet, der über ein Haus herrscht, aber in einem anderen steht, die Kombination der Bedeutungen der beiden Häuser zumindest zu einem späteren Zeitpunkt vorhersagt. Wir betrachten hier, wie eine solche Kombination stattfinden und die Bewertung vorgenommen werden kann, die möglichst viel davon enthält, das dabei berücksichtigt werden muss.

Erstens: Für jedes Haus gibt es mehrere Bedeutungen. Für das erste wären dies zum Beispiel die körperliche Konstitution, Gesundheit und natürlichen Neigungen sowie der Charakter. Für das zwölfte sind das Krankheit, Gefängnis, verborgene Feinde und falsche Freunde, die den Geborenen lächerlich machen und ihm heimlich Böses antun. Für das siebte Haus wären es Ehe, Rechtsstreitigkeiten und Verträge. Für das zehnte betrifft es berufliche Aktivitäten, Anerkennung, Ehre und Prestige. Ähnliches gilt für die anderen Häuser.

Darüber hinaus hat jedes Haus die gleiche Bedeutung wie das ihm oppositionelle Haus.

Die Beobachtung und Erfahrung zeigen, dass dies wahr ist, denn ein Mars im zweiten Haus droht mit dem Tod und Jupiter im achten Haus ist ein Hinweis auf Geld. Saturn im sechsten zeigt Krankheit oder Gefängnis an, während Venus im zwölften für Glück im Zusammenhang mit Dienern, Untergebenen, Tieren spricht und so weiter.

Dies gilt jedoch nicht für die Herrscher der Häuser. Der Herrscher des vierten hat keinen Einfluss auf die Bedeutung des zehnten Hauses. Das gilt nur, wenn er sich selbst im vierten Haus befindet, wenn er über den Herrscher des zehnten Hauses regiert, einen starken Einfluss auf die Spitze des zehnten Hauses hat oder auf den dortigen Zeichenherrscher.

Das Gleiche gilt für die oppositionellen Häuser. Ein Planet in starkem Himmelszustand hat für das ihm entgegengesetzte Haus große Bedeutung. Wenn die Stellung schwach ist, schwächt dies seine Bedeutung ebenfalls. Die Opposition eines Planeten zeigt jedoch immer Widerstand oder Schwierigkeiten für das Gegenhaus an, das Gute zu erreichen, während sie das Ungute dieses Hauses fördert.

Man sollte auch beachten, dass ein Planet im ersten Haus einen Einfluss auf die Angelegenheiten des neunten und fünften Hauses hat, denn die Häuser entsprechen in diesem Fall der Häuser-Triplizität des Feuers.

Das gilt umso mehr, wenn er Herrscher des neunten oder fünften Hauses ist. Gleiches gilt für alle Häuser-Triplizitäten. Die Zuordnungen sind in der Überschau:

Feuerhäuser:	1, 5, 9
Erdhäuser:	2, 6, 10
Lufthäuser:	3, 7, 11
Wasserhäuser:	4, 8, 12

Zweitens: Es ist ratsam, sorgfältig zu überlegen, welche Kombinationen für die Bedeutung der verschiedenen Häuser möglich sind. Wenn der Herrscher des vierten im fünften Haus ist, würde man nicht sagen, dass der Vater des Geborenen sein Sohn wird, da dies eine Unmöglichkeit ist. Wir könnten aber sagen, dass der Vater den Söhnen des Geborenen von Nutzen sein wird oder dass seine Söhne das väterliche Erbe des Geborenen erhalten werden.

Hier sind ähnliche und entgegengesetzte Ideen angezeigt. Diese Kombinationen wären möglich, da sie aufgrund der Natur und Stellung des Planeten, der Häuserherrscher von vier ist, vorhergesagt werden könnten.

In ähnlicher Weise kann der Herrscher des sechsten im siebten Haus bedeuten, dass ein Diener der Ehegatte wird oder Rechtsstreitigkeiten gegen den Geborenen führt. Der Herrscher des siebten im achten Haus bedeutet, der Ehegatte des Geborenen oder ein offener Feind könnte die Ursache seines Todes sein und so weiter.

Drittens: Man muss mit größter Sorgfalt bewerten, welche dieser möglichen Bedeutungskombinationen mit der Natur und Himmelsstellung des Planeten sowie mit den allgemeinen Lebensbedingungen des Geborenen übereinstimmen. Bei einigen Ereignissen ist es wahrscheinlicher, dass sie einem Prinzen oder Adligen geschehen, während andere Ereignisse eher einem Kaufmann oder Bauern begegnen, wieder andere passen zu einem lebensfrohen Mann oder Priester, zu Mann, Frau, einem Kind oder älteren Menschen und so weiter. Nur diejenigen Umstände, die mit den wichtigen Lebensbedingungen des jeweiligen Menschen übereinstimmen, werden wahrscheinlich auch stattfinden.

Viertens: Die Angelegenheiten der Häuser stellen die verschiedenen Erfahrungsbereiche dar, die für die Geborenen möglich sind. Das Wirken der Planeten wird durch deren Häuserstellung,

Herrschaft oder beides auf die jeweiligen Erfahrungsbereiche ausgerichtet.

Wenn sich der Häuserherrscher in einem anderen als seinem eigenen Haus befindet, ist der Planet der Signifikator eines Hauses nach Herrschaft und eines anderen nach seiner Stellung. Er repräsentiert die beiden lokalen Determinationen entweder getrennt oder in Kombination und in Bezug auf zukünftige Ereignisse oder Erfahrungen. Sie zeigen an, dass zu einer bestimmten Zeit etwas Entsprechendes, zu einer anderen Zeit etwas anderes und zuweilen beides zusammen stattfindet.

Wenn zum Beispiel der Aszendentenherrscher im sechsten Haus steht, der seiner Natur und seinem himmlischen Zustand nach wohltätig ist, sagt er in Bezug auf Untergebene und Tiere Gutes voraus. Wenn er seiner Natur und himmlischen Stellung nach bösartig ist, sagt er das Gegenteil vorher.

Wenn der Aszendentenherrscher im sechsten Haus steht, neigt der Geborene zu Dienstleistungen. Er hat eine Vorliebe, ein Interesse oder einen Beruf mit oder für Bedienstete, Tiere und Haushaltsangelegenheiten. Ist der Planet ein Übeltäter und befindet er sich in einer ungünstigen himmlischen Stellung, drohen ihm Gefängnis, Exil oder Krankheit sowie Verluste und Gefahren durch Bedienstete aufgrund der Opposition des zwölften zum sechsten Haus.

Fünftens: Ein Planet, der ein Haus regiert und in einem anderen steht, handelt nicht nur durch das Haus, das er besetzt, sondern auch durch das, worüber er herrscht, sowie durch die Planeten, die sich dort im Haus befinden.

Zum Beispiel zeigt der Herrscher über Merkur im ersten Haus gute geistige Qualitäten an, obwohl Merkur selbst nicht im ersten Haus ist. Der Herrscher der Sonne im zehnten spricht für Ehre und Prestige und so weiter. Dies liegt daran, dass jeder Planet sowohl durch seine himmlische als auch irdische Stellung seines Herrschers Einfluss auf die Geborenen hat.

Wenn sich der Herrscher über Merkur im ersten Haus und in einem guten Himmelszustand befindet, wird Merkurs Einfluss dorthin übertragen. Dies geschieht aufgrund der Analogie gegenüber den Angelegenheiten des ersten Hauses. Die Übertragung wird insbesondere hinsichtlich der geistigen Qualitäten zu spüren sein.

Das bedeutet, der Hausherrscher, der in einem anderen Haus als seinem eigenen steht, überträgt die Eigenschaften eines Planeten, der sich in seinem Domizil befindet, in das andere Haus.

Die Übertragung wäre im genannten Beispiel für das erste Haus und die mentalen Eigenschaften von günstiger Qualität, weil der Herrscher des Merkur in einem guten himmlischen Zustand ist.

Der irdische Zustand bezieht sich hier nur auf die Stellung und nicht auf die Herrschaft in einem anderen Haus, außer vielleicht nur sehr schwach, da sich sonst ein Teufelskreis bildet, wie wir dies in Kap. 2.4 besprochen haben.

Wenn sich die Venus im dritten Haus befindet, ihr Herrscher Jupiter im ersten und Jupiter außerdem der Herrscher des zwölften Hauses ist, wird die Venus durch die Angelegenheiten des ersten Hauses und nicht des zwölften auf den Geborenen einwirken. Aber wenn Jupiter im zwölften Haus Herrscher sowohl des Aszendenten als auch der Sonne im vierten Haus wäre, würde er durch seine Herrschaft über das erste und vierte Haus, sowie über die Sonne im vierten Haus auf den Geborenen einwirken.

Das Handeln der Sonne im vierten Haus wird von ihrem Herrscher und dessen Stellung bestimmt. Ihr Herrscher hat jedoch keinen Einfluss auf die Angelegenheiten des ersten Hauses, weil dort der Herrscher der Sonne nicht steht, und so weiter.

Das erste Haus zeigt die wesentlichen Eigenschaften des Geborenen, sowie die akzidentiell bedingten Merkmale seines Körpers und Geistes an.

Akzidentiell heißt vor allem eine durch seine aktuelle Stellung bedingte Ausrichtung. Die übrigen Häuser beziehen sich auf andere grundlegende Erfahrungsbereiche. Wenn der Herrscher des ersten in einem der anderen Häuser oder der Herrscher eines anderen Hauses im ersten steht, verbinden sich die Bedeutungen der beiden Häuser miteinander.

Wenn sich zum Beispiel der Herrscher des ersten Hauses im

zehnten oder der Herrscher des zehnten Hauses im ersten befindet, werden in beiden Fällen berufliche Aktivitäten, Ehrungen und Prestige für den Geborenen angezeigt.

Der Unterschied liegt darin: Wenn der Herrscher von eins in zehn steht, wird der Geborenen durch seinen eigenen Willen und Ehrgeiz angeregt beruflich fleißig arbeiten, um Anerkennung und eine wichtige Position zu erlangen.

Im zweiten Fall, wenn der Herrscher von zehn in eins steht, strebt er zwar nicht nach Ehre und Bevorzugung, sie kommen für ihn jedoch ganz unerwartet. Sie ergeben sich durch eine passiv-indirekte Rückwirkung des Herrscherplaneten in Richtung des ersten Hauses.

In ähnlicher Weise wird, wenn der Herrscher des ersten im achten oder der Herrscher des achten im ersten Haus steht, ein vorzeitiger Tod in beiden Richtungen angezeigt. Der Geborene selbst ist dabei die Hauptursache. Er bringt sich entweder absichtlich in Gefahr oder tut es unwissentlich. Das gilt für diejenigen, die in ihren übermäßigen Vorsichtsmaßnahmen gegen den Tod zu viel Aderlass praktizieren oder mit Unmäßigkeit versuchen, ihre eigenen Krankheiten zu heilen.

Wenn der Herrscher des ersten Hauses in einem anderen Haus steht, werden Gesundheit, Charakter, natürliche Neigungen und Temperament mit den Angelegenheiten des anderen Hauses kombiniert. Dabei bestimmen Natur und Stellung des Planeten, was an gemessen und möglich ist.

Diese beiden Überlegungen entscheiden darüber, ob die Angelegenheiten der Häuser zustande kommen und ob sie glücklich oder unglücklich sein werden. Wenn der Herrscher eines anderen Hauses sich in einem anderen als dem ersten Haus befindet, wie zum Beispiel der Herrscher des zweiten im siebten, wäre das Problem auf folgende drei Arten zu betrachten und ein entsprechendes Urteil zu fällen:

Im ersten Fall steht zum Beispiel der Planet im siebten Haus. Deshalb sagt er je nach seiner Natur und himmlischen Stellung etwas Gutes oder Schlechtes über die Ehe, offene Feinde, Rechtsstreitigkeiten und Verträge aus.

Ist er Herrscher des zweiten, signalisiert er aus den gleichen Gründen Gutes oder Schlechtes in Bezug auf Geld und Vermögen. Steht der Herrscher des zweiten Hauses im siebten und ist er in einer wohltätigen und guten himmlischen Stellung, zeigt er Geld durch die Ehe, Rechtsstreitigkeiten und Verträge an. Befindet er sich in einem ungünstigen himmlischen Zustand, bedeutet er Geldverlust durch Heirat, Rechtsstreitigkeiten oder Verträge. Die sich ergebende Kombination ist je nach Natur und Stellung des Planeten glücklich oder unglücklich.

Befindet sich der Herrscher des siebten im zweiten Haus, ähnelt es dem Vorigen. Ist der Planet bei dieser Kombination ein Wohltäter in einem guten himmlischen Zustand, ist ein Vermögenszuwachs durch Sparsamkeit, Arbeit des Ehepartners, durch Rechtsstreitigkeiten oder einen Vertragspartner angezeigt.

Ist der Planet ein Übeltäter in einem ungünstigen himmlischen Zustand, sagt er voraus, dass der Geborene sein Vermögen durch Räuber, offene Feinde oder den Ehepartner verliert.

Ähnliches geschieht, wenn der Herrscher des zehnten im zwölften Haus ist. Dann überträgt er die Bedeutungen des zehnten in das zwölfte Haus. Grundsätzlich gilt dabei: Die Determination eines Planeten wirkt durch seine direkte Stellung in einem Haus stärker als durch seine Herrschaft über ein Haus. Deshalb wird der Planet, der das zehnte Haus regiert und den Ruf sowie die beruflichen Aktivitäten des Geborenen repräsentiert, im zwölften zur Ursache für Krankheit, Gefängnis, Feinde oder Exil usw.

Andererseits werden bei einem Herrscher des zwölften im zehnten Haus, Feinde, Gefängnisse, Exilanten usw. zur Ursache für Ehre, Anerkennung und berufliche Aktivitäten. Das gilt vor allem, wenn der Herrscher selbst ein Wohltäter ist und sich in einem guten himmlischen Zustand befindet.

Das erste Beispiel ist in meinem eigenen Horoskop zu sehen, in dem sich der MC-Herrscher im zwölften Haus befindet. Das zweite Beispiel ergibt sich im Horoskop von Kardinal Richelieu (siehe Abb. ???, Seite 114), in dem Venus, der Herrscher des zwölften Hauses, dem MC sehr nahesteht.

Man muss dabei immer auf die Natur und die Stellung des Planeten achten und untersuchen, ob er eine Analogie zu den Angelegenheiten des Hauses hat.

Darüber hinaus sollte man immer sorgfältig beachten, in welchem Haus sich der Häuserherrscher tatsächlich befindet. In den Eckhäusern neigt er stark zum Verursachen von Gutem oder Schlechtem, insbesondere wenn er sich dabei in seinem Domizil oder in seiner Erhöhung befindet.

Der Häuserherrscher kann sich in einem Haus befinden, dessen Bedeutung denen des Hauses seiner Herrschaft ähnlich ist. Zum Beispiel zeigt der Herrscher des zweiten im vierten, siebten oder zehnten mit größerer Sicherheit Geld an, weil aus den Angelegenheiten dieser Häuser, Erbschaften (4), Ehe (7) und Beruf (10), eher Geld folgt.

Aber wenn eine ihm zuwiderlaufende Stellung vorläge, wie es der Fall wäre, wenn sich der Herrscher des zweiten Hauses im zwölften befände, würden Vermögensverluste durch Krankheit, Exil oder Gefängnis angezeigt.

Bei einer Kombination, bei welcher der Herrscher nicht in seinem eigenen Haus steht, fließt die Bedeutung seines Domizilhauses im Sinne der Ursache mit ein in die Bedeutung des Hauses, in dem sich dieser Herrscher tatsächlich befindet.

Wenn sich zum Beispiel der Herrscher des zehnten Hauses im zwölften befindet, wird der Beruf des Geborenen die Ursache seines Unglücks sein oder er fällt davon ab und verliert ihn. Das ist mir bei meiner Tätigkeit als Arzt geschehen, weil sich Saturn als Herrscher vom zehnten in meinem zwölften Haus befindet. In einem anderen Fall kann der Geborene wegen seiner Berufstätigkeit ins Gefängnis gesteckt werden.

Wenn der Herrscher des zwölften Hauses im zehnten ist, werden Feinde, Exil, Gefängnis oder Unglück die Ursache für seinen Aufstieg und sein Ansehen sein. Das war bei Kardinal Richelieu der Fall, dessen Venus Herrscherin des zwölften Hauses war und die innerhalb eines zulässigen Orbis nahe am MC stand, obwohl in Wirklichkeit im neunten Haus. In ähnlicher Weise verwandelt der

Herrscher des elften im zwölften Haus Freunde in Feinde, was mir häufig passiert ist.

Der Herrscher des zwölften Hauses im elften Haus verursacht das Gegenteil. Wenn der Herrscher des zehnten im elften ist, werden die beruflichen Aktivitäten und der gute Ruf dem Geborenen Freunde bringen, während der Herrscher des elften Hauses im zehnten das Umgekehrte vorhersagt und so weiter.

Aus dem oben Gesagten folgt dies: Wenn ein Planet über zwei Häuser herrscht und sich außerhalb dieser Häuser befindet, werden ihre Bedeutungen in die Bedeutungen des Hauses mit einfließen, in dem sich der Herrscher tatsächlich befindet. Seine Bedeutungen werden zumindest davon beeinflusst.

Zum Beispiel sagt ein Planet, der gleichzeitig Herrscher des ersten und achten Hauses ist, sich jedoch im siebten Haus befindet und gleichzeitig in einer ungünstigen himmlischen Stellung, voraus, dass der Geborene von einem offenen Feind getötet oder verwundet wird.

Die Natur des Planeten und seine Analogie mit den Bedeutungen dieser Häuser sowie sein himmlischer und irdischer Zustand sollten immer beachtet werden. Ein Planet in einem ungünstigen himmlischen Zustand, insbesondere ein Übeltäter, ist für die glücklichen Häuser, die er besetzt oder über die er herrscht, wertlos. Er leugnet und behindert das Gute oder bringt den guten Eigenschaften Unglück.

Wenn sich ein solcher Planet in einem unglücklichen Haus befindet, bewirkt er eindeutig das Böse dieses Hauses und nicht das Gute des anderen Hauses, über das er herrscht. Im letzteren Fall überträgt der Häuserherrscher nicht das Gute seines Herrscherzeichens in das üble Haus seines Standorts. Eine Ausnahme bildet gelegentlich die Übertragung von Übel.

Es kann bemängelt werden, dass ein Haus als ein zweifaches zu betrachten ist: als ein Primärhaus, das ein fest umrissener Raum ist, und als ein sekundäres Haus, das Abschnitt des Tierkreises oder Caelum ist und einen Bereich davon einnimmt.

Da das Primärhaus ein fester Raum ist, wäre das zehnte Haus

zum Beispiel nicht nur das individuelle Haus des Ansehens und Prestiges eines Einzelnen, sondern das Haus, das sich zu einer bestimmten Zeit auf das Ansehen aller bezieht, die an diesem geografischen Punkt geboren wurden, oder das Haus der Ehre und des Prestiges, das sich zu einer bestimmten Zeit speziell auf diesen Ort der Erde bezieht.

Das Gleiche gilt für das achte Haus und den Tod, das siebte und den Ehegatten oder für Rechtsstreitigkeiten usw. Wenn folglich der Herrscher des dritten im achten Haus ist, würde der Tod für die Brüder und Schwestern angezeigt, wenn der Herrscher im zehnten stünde, würde für sie Ansehen und Wertschätzung angezeigt, etc.

Ich würde darauf antworten, dass die Berechnungen für den Geborenen nicht die gleichen sein können wie die für seine Brüder, Eltern, Kinder usw. Das achte Haus ergibt sich für diesen Ort nur zu einer bestimmten Zeit als das achte Haus in Bezug auf das erste. Daher bezieht sich das achte, der Tod, nur auf das erste Haus und auf den Geborenen selbst. Das dritte Haus, das seiner Brüder und Schwestern, ist davon nicht betroffen. Daher gibt der Herrscher des dritten Hauses im achten den eigenen Tod des Geborenen durch seine Brüder als Ursache an, nicht aber den Tod der Brüder.

Das zehnte Haus ist das achte vom dritten Haus aus gerechnet. Wenn der Herrscher des dritten im zehnten ist, zeigt dies den Tod der Brüder oder Geschwister an, was häufig beobachtet werden kann. Außerdem verspricht es dem Geborenen Ansehen, Beförderung und Vorteile durch seine Brüder und Schwestern. Daraus kann geschlossen werden, dass der Geborene nach dem Tod von Bruder und Schwester seine Position und seinen Nachlass erhalten oder diese durch Erbschaft erwerben wird und so weiter.

Auch hier muss man auf jeden Planeten achten, mit dem der Herrscher eines bestimmten Hauses verbunden ist. Wenn der Herrscher des ersten Hauses in Konjunktion mit der Sonne steht, macht er den Geborenen wahrscheinlich zum Umgang mit Königen und wichtigen Personen, zu Ruhm, Berühmtheit und gutem Ansehen geneigt.

Der Herrscher des zweiten Hauses in Verbindung mit Jupiter ist ein gewisses Geldversprechen.

Der Herrscher des achten Hauses in Konjunktion mit Mars droht mit einem gewaltsamen Tod oder einer von Gewalt ausgehenden Gefahr. Ähnliches gilt für andere Fälle.

Bei der Konjunktion eines Planeten mit einem Hausherrscher müssen das von ihm beherrschte Haus, sowie die Eigenschaften und Qualitäten des Planeten genügend berücksichtigt werden.

Wenn man die beiden Planeten zusammen betrachtet, sollte man darüber hinaus beachten, über welche Häuser die beiden herrschen, denn wenn der Herrscher des ersten mit dem Herrscher des zwölften oder des achten Hauses verbunden ist, zeigen sie eine Krankheit oder den Tod an.

Wenn die Herrscher des zehnten und elften Hauses in Konjunktion stehen, zeigt dies Erfolg im Beruf oder mit Freunden an.

In ähnlicher Weise wird, wenn der Herrscher des zweiten mit dem Herrscher des zehnten Hauses eine Konjunktion bildet, Geld aus dem Beruf und durch persönliche Anerkennung angezeigt.

Wenn der Herrscher des zwölften mit dem Herrscher des achten eine Konjunktion bildet, erweisen sich Krankheit und Gefängnis als gefährlich für das Leben der Geborenen. Darüber hinaus muss gesagt werden, dass die Bedeutung des achten Hauses, der Tod, keine greifbare Ursache ist und kein weiteres Ereignis hervorruft. Er kann nur durch die Angelegenheiten eines anderen Hauses verursacht werden. Deshalb verursacht ein Hausherrscher, der im achten steht, den Tod durch die Angelegenheiten des Hauses, über das er regiert. Dabei gehen die Eigenarten seines Herkunftshauses in die Bedeutung des achten Hauses über.

Der Herrscher des zwölften im achten Haus sagt zum Beispiel voraus, dass eine Krankheit die Todesursache sein wird oder dass der Geborene im Gefängnis sterben wird.

Der Herrscher des siebten Hauses im achten zeigt an, dass die Frau oder ein Partnerschaftskonflikt zur Todesursache werden.

Beim Herrscher des zehnten Hauses im achten sind es der Beruf oder Rang, beim Herrscher des ersten im achten wird der Geborene selbst den eigenen Tod verursachen, beim Herrscher des zweiten im achten ist die Gier oder sogar Diebstahl die Ursache usw.

Für die Todesursache schaue ich immer: Aus welchem Haus kommt der Planet, der im achten steht. Dort finde ich die Ursache. Andererseits ist der Herrscher des achten in einem anderen Haus ein Hinweis auf eine indirekte Todesursache durch die Bedeutung dieses Hauses.

Zum Beispiel sagt der Herrscher des achten Hauses im siebten voraus, dass der Geborene nicht durch die Handlung der Frau selbst sterben wird, sondern durch die Frau als indirekte Ursache oder Vermittlerin. Steht der Herrscher von acht in elf, ist es wegen eines Freundes und so weiter.

Wenn ein Planet im achten Haus zwei andere Häuser regiert, sollte man durch Betrachtung der verschiedenen Hausbedeutungen bedenken, mit welchen sich das achte Haus leichter oder vernünftiger verbinden lässt, und prüfen, mit welchen sich der Planet im achten Haus eher verbinden würde, um den Tod des Geborenen verursachen. Dann kann man das entsprechende Urteil treffen.

Das Prinzip der Interpretation ist: Das Herkunftshaus des Hausherrschers ist die Ursache. Der Herrscher überträgt die Hauseigenschaften und der in ihm stehenden Planeten in das Haus seiner aktuellen Stellung. Die Eigenarten des Hauses seiner aktuellen Stellung wirken indirekt auf das Herkunftshaus, über das er herrscht, zurück.

2.6 Mehrere Planeten als Herrscher über das gleiche Haus, ein Planet als Herrscher über eines oder mehrere Häuser

Wenn ein Planet über das Haus herrscht, in dem er sich befindet, ist der Zustand der Angelegenheiten dieses Hauses leicht zu bewerten. Noch einfacher ist es, wenn er sich dabei in seinem Domizil befindet. Am einfachsten ist es jedoch, wenn er in seinem Domizil und gleichzeitig Hausherrscher ist. Die Hausangelegenheiten werden dann nicht direkt von anderen Faktoren beeinflusst.

Bei einem eingeschlossenen Zeichen regieren mehrere Planeten das Haus. Deshalb unterliegen die Hausangelegenheiten Kräften, die sich in Art und Natur voneinander unterscheiden. Ihr Zustand ergibt sich aus einer uneinheitlichen Mischung, die manchmal widersprüchlich ist.

Dies ist umso wahrscheinlicher, wenn ein Herrscher ein Wohltäter und der andere ein Übeltäter ist. Am offensichtlichsten wird die Widersprüchlichkeit, wenn ein Herrscher zusätzlich durch die Himmelsstellung stark gestellt ist und der andere schwach oder wenn beide ein Quadrat oder eine Opposition zueinander bilden.

Der Planet, der die Spitze regiert, hat bei der Bewertung der Hausangelegenheiten den Vorrang.

Der andere Planet sollte jedoch keinesfalls vernachlässigt werden. Dies ist vernünftig, weil die Spitze eines Hauses sein wirksamster Punkt ist, wie wir uns erinnern.

Die Auswirkung des Zeichengrads auf die Hausspitze wird an der Qualität seines Herrschers gemessen. Deshalb ist dieser Planet mächtiger als jeder Mitherrscher[16].

Dies gilt besonders, wenn er eine Analogie zu den Bedeutungen des Hauses hat, seine himmlische Stellung stärker ist als die des Mitherrschers und er sich zusätzlich in diesem Haus befindet oder wenn er zu einem Planeten in diesem Haus einen starken Aspekt bildet. Bei der Beurteilung von Herrscher und Mitherrscher müssen folgende Faktoren beachtet werden:

- Sind die beiden Wohltäter oder Übeltäter?
- Ist ein Planet wohltätig und der andere bösartig oder ist einer stark und der andere schwach?
- Sind beide wegen ihrer himmlischen Stellung stark oder schwach, ist einer stark und der andere schwach?
- Stehen beide im selben Haus, beide außerhalb oder einer in und der andere außerhalb des Hauses?

---

[16] Die »Mitherrscher« beziehen sich auf ein Haus, das ein eingeschlossenes Zeichen enthält.

- Welcher Planet ist der Herrscher des Hauses, steht näher an seiner Spitze, bildet den stärkeren Aspekt zu ihr oder zu einem Planeten im Haus?

Wenn derselbe Planet mehr als ein Haus regiert, verbinden sich die Bedeutungen der beherrschten Häuser, auch wenn der Herrscherplanet keines der beiden Häuser besetzt. Beachte, zu welchem Haus der Planet die offensichtlichste Analogie aufweist. Seine Bedeutungen haben den Vorrang.

Zum Beispiel verspricht derselbe Planet, der den Aszendenten und das MC regiert, Anerkennung bei beruflichen Aktivitäten.

Derselbe Planet, der das siebte und achte Haus regiert, verspricht Gefahr oder Tod durch Feinde, insbesondere wenn es sich um einen Übeltäter in einer ungünstigen himmlischen Stellung handelt.

Wenn sich dieser Herrscher in einem anderen Haus und nicht in seinem Domizil befindet, muss man sich ein Urteil wie in Kapitel 2.4 beschrieben bilden.

2.7 Die essentielle Determination der Planeten durch Erhöhung und Triplizität

Unter Astrologen ist es eine alltägliche Erfahrung, dass ein Planet, der sich im Zeichen seiner Erhöhung befindet, einen guten oder schlechten Einfluss auf die Bedeutung des Hauses hat, in dem er sich befindet oder über das er herrscht. Es ist außerdem allgemein anerkannt, dass ein Planet in Erhöhung jeden anderen Planeten durch eine Konjunktion oder einen Aspekt mit ihm stärkt.

Wir untersuchen hier nun, ob ein Planet, der sich nicht in Erhöhung befindet, irgendeinen Einfluss auf die Angelegenheiten des Hauses hat, in welches das Zeichen seiner Erhöhung fällt. Außerdem fragen wir uns, ob er einen Einfluss hat auf die Bedeutung eines Planeten, wenn er in diesem Zeichen steht.

Wenn sich zum Beispiel die Sonne im zehnten Haus und im

Krebs befindet, aber Jupiter nicht im zehnten, wird Jupiter dann durch den Krebs, das Zeichen seiner Erhöhung, irgendeinen Einfluss auf das zehnte Haus und die Sonne haben?

Dass dies tatsächlich so wäre, wird von allen Astrologen einschließlich Ptolemäus bestätigt. Ptolemäus schreibt in Buch 2, Kap. 2 des TETRABIBLOS über den Herrscher einer Sonnenfinsternis, wie auch in Buch 3, Kap. 13, in Bezug auf die Elektion des *Apheta*, dass ein Planet an den wichtigen Stellen des Horoskops stärker ist, wenn er sich in seinem Domizil, seiner Erhöhung oder Triplizität befindet.

Daraus folgt, dass ein Planet, der aufgrund seiner Herrschaft über das Zeichen, in dem die Sonnenfinsternis auftritt, Einfluss auf die Bedeutung einer Sonnenfinsternis hat. Ebenfalls hätte er einen gewissen Einfluss, wenn er in diesem Zeichen erhöht wäre. Das gleiche Prinzip ist anwendbar, wenn man entscheiden soll, welcher Planet von denen, die an den Hauptorten des Horoskops stehen, der stärkste ist oder jedenfalls der stärkste von mehreren, die dort zusammen stehen.

Bei fast allen Horoskopen zeigt die Erfahrung, dass die Wirkung nicht nur auf die Ursache reduziert werden kann, die sich aus der Hausstellung, Herrschaft und den Aspekten ergibt. Zusätzlich wird sie manchmal durch das Haus und dessen besondere Eigenschaften ergänzt, in welches das Zeichen der Erhöhung des Planeten fällt.

Zum Beispiel ist im Horoskop von Prinz Gaston de Foix Saturn im siebten Haus. Das Zeichen seiner Erhöhung, die Waage, befindet sich im vierten, was zeigt, dass er durch seine Frau Eigentümer von sehr ausgedehnten Ländereien und sogar zwei Provinzen wurde.

In meinem Leben und Horoskop zeigt sich ein fast ständiges Verlangen nach Ruhm, weil der Mars den Widder-Aszendenten regiert, während er sich im Zeichen der Erhöhung des Jupiters, im Krebs, befindet. Alle anderen Planeten außer Merkur sind im Zeichen der Erhöhung der Venus, in den Fischen, die gleichzeitig Mit-Herrscherin des ersten Hauses ist. Wahrscheinlich hängt dies hauptsächlich mit dem Widder im ersten Haus zusammen, der das

Erhöhungszeichen der Sonne ist. Gleichzeitig bilden Sonne und Mond eine Konjunktion. Dies alles bezieht sich wegen den Bedeutungen des ersten Hauses auf meinen Charakter und mein Temperament.

Infolgedessen neige ich übermäßig dazu, mich aufgrund meiner intellektuellen Begabungen und wissenschaftlichen Errungenschaften anderen gegenüber als überlegen zu betrachten. Es fällt mir schwer, gegen diese Tendenz zu kämpfen, es sei denn, die Verwirklichung meiner Sünden stört mich und ich betrachte mich selbst als abscheulichen und verachtungswerten Menschen. Dennoch ist mein Name auf der ganzen Welt berühmt.

Deshalb ist es sinnvoll, die Angelegenheiten eines bestimmten Hauses anhand des Planeten, der dieses Haus regiert, sowie des Planeten, der in diesem Zeichen erhöht ist, zu beurteilen.

Dazu könnten viele Beispiele gefunden werden. Befindet sich beispielsweise die Waage am Aszendenten, sollte der Charakter anhand des Zustands von Saturn und Venus beurteilt werden. In ähnlicher Weise müsste man, wenn Saturn in der Waage wäre, die Auswirkungen des Saturn sowohl wegen seiner Erhöhung als auch wegen des Herrschers Venus und der Beziehung zwischen ihnen beurteilen. Wenn die Venus in guter Himmelsstellung wäre und durch eine Konjunktion oder ein Trigon mit dem Saturn verbunden wäre, würde sich die Kraft des Saturn verstärken.

Wenn die Sonne in den Fischen ist, wird ihre Wirkung durch den Zustand des Zeichens des Jupiters und durch den Jupiter selbst beeinflusst. Darüber hinaus würde sie von der Venus, die in den Fischen erhöht ist, verstärkt.

Dies wird durch die Autorität, Vernunft und Erfahrung bewiesen. Die Autorität ist das Testament der Alten. Sie haben festgestellt: Ein Planet an einem Punkt des Caelum, an dem er sich im Domizil, der Erhöhung oder Triplizität befindet, ist er mächtiger.

Es ist vernünftig, weil aufgrund dieser Würden der Planet in mächtiger Stellung ist. Wenn von diesen Würden kein Einfluss ausginge, wäre er dort nicht mächtig. Die Erfahrung der genannten Beispiele ist deutlich. Der Zeichenherrscher hat jedoch immer

Vorrang vor dem Planeten, der in diesem Zeichen erhöht ist. Dennoch sind beide zu berücksichtigen.

In Bezug auf die Triplizität haben die Araber beinahe alles über ihre Herrscher ausgesagt, wie wir in ihren Büchern lesen. Da es bisher unter Astrologen keine Sicherheit über die Triplizität gab, ist es kein Wunder, dass ihre Urteile voller Fehler sind. Tatsächlich waren sie nur so weit zutreffend, als die fehlerhafte Verwendung der Triplizitäten der Alten versehentlich mit dem logischen und gültigen System übereinstimmten.

Das kann bewiesen werden, indem man die von uns gegebenen Triplizitätsherrscher[17] mit denen von Albohali[18] vergleicht. Er beurteilt das Glück oder Unglück eines Geborenen bei einem Tageshoroskop anhand des Triplizitätsherrschers über die Sonne und bei einem Nachthoroskop durch den Triplizitätsherrschers des Mondes.

Solche Urteile wären jedoch universell, auf der ganzen Erde gültig und daher absurd. Tatsache ist, dass von den Herrschern der Triplizität nichts vorhergesagt werden kann, was nicht von der Stellung, der Herrschaft und den Aspekten des Planeten mit größerer Genauigkeit und Sicherheit vorhergesagt werden kann.

Bei Albohali befindet sich der Mond im ersten Beispielhoroskop bei einer Nachtgeburt im sechsten Haus im Skorpion im Fall und herrscht über das zweite Haus. Im sechsten bildet der Mond eine Konjunktion mit Saturn im Skorpion. Der Mars, der Herrscher des Mondes, befindet sich jedoch im Wassermann und im Quadrat zu Mond und Saturn. - Der Mond, Herrscher des zweiten Hauses, könnte kaum klarer die Armut anzeigen.

Ohne auf die Triplizität zurückzugreifen, war die Ursache der Armut ganz offensichtlich, denn alleine durch die von uns

---

[17] Die Liste der Triplizitätsherrscher nach J.-B. Morin finden Sie im Anhang dieses Buches S. 181.

[18] Albohali Alchait (Abu Ali al-Khayyat), arabischer Astrologe, der im 9. Jahrhundert lebte. Sein viel gelesenes Buch über die Geburtsastrologie wurde ins Lateinische übersetzt und erschien1546 in Nürnberg unter dem Titel: *Albohali Arabis Astrologi antiquissimi, ac clarissimi de judiciis nativitatum liber.*

verwendeten Häuserherrscher wird die Armut deutlich angezeigt.

Laut Albohali ist der Mond bei Nacht der Hauptherrscher seiner Triplizität zusammen mit dem Mars als Partner. Mond und Mars befinden sich in fallenden Häusern, der Mond im sechsten und der Mars im neunten. Nach der Methode von Albohali ist dies ein ausreichender Beweis. Aber ich denke, dass der Mond im Skorpion im Fall, wenn er das zweite Haus regiert und mit Saturn in Konjunktion steht, sowie vom Quadrat zum Mars betroffen ist, ein deutlicherer und zuverlässigerer Hinweis ist.

In Albohalis zweitem Horoskop, einer Taggeburt, ist die Sonne in Wassermann im elften Haus und in Konjunktion mit Merkur. Nach Albohali und mir ist Saturn der Triplizitätsherrscher und Merkur der Mitherrscher der Sonne. Aber Saturn steht in Konjunktion mit Mars im Skorpion im achten. Sonne und Merkur befinden sich in erfolgreichen Häusern, aus dem Albohali voraussagte, dass der Geborene das höchste öffentliche Amt und großen Wohlstand erreichen würde. Solche Dinge konnten jedoch nicht durch Saturn und Merkur kommen, die zueinander ein Quadrat bilden, sondern aus anderen stärkeren und offensichtlichen Gründen.

Es wird angezeigt durch Venus, Herrscherin des zweiten im zehnten Haus und im Trigon zur Spitze des zweiten Hauses, daher in ihrer eigenen (Häuser-)Triplizität. Außerdem ist sie in einer Verbindung mit Jupiter im vierten, der dort in seiner Erhöhung steht, sowie in Rezeption mit dem Mond. Jupiter und Venus befinden sich dadurch in einer günstigen Stellung. Von Natur aus besitzen sie eine Analogie zu Wohlstand und Positionen. Da sie sich in einer guten Position befinden und Wohlstand anzeigen, werden von ihnen Ehre und Wohlstand ausgehen. Die Übeltäter in Trigon zu Jupiter und im Sextil zur Venus werden nicht im Weg stehen, sondern helfen. Da sie im achten Haus sind, zeigen sie durch ihre Opposition zum zweiten Haus Geld an. Diese Schlussfolgerungen stimmen mit der oben beschriebenen Interpretationsmethode überein.

Von Albohali sowie anderen alten und modernen Astrologen könnte ich viele Beispiele anführen, die einen ähnlichen Ansatz vertreten. Lassen Sie uns jetzt sagen, dass die Herrscher der Triplizität einen gewissen Einfluss haben und es daraus möglich ist ein Urteil zu fällen. Wenn der Einfluss eines Zeichens überhaupt modifiziert wird, wirkt er sich in gewissem Maße auf die anderen Zeichen der Triplizität und die Ähnlichkeit ihrer Naturen aus.

Die Zeichen handeln jedoch immer in Übereinstimmung mit der Art und dem Zustand ihrer Herrscher, wie wir häufig festgestellt haben.

Ein Urteil, das auf dem Herrscher eines Zeichens basiert, ist viel zuverlässiger als ein Urteil, das auf dem Triplizitätsherrscher basiert, weil der Zeichenherrscher eine naheliegende Ursache ist, von der die Wirkung des Zeichens im Wesentlichen abhängt. Der Herrscher der Triplizität ist eine entferntere Ursache, von der die Wirkung des Zeichens nicht wesentlich abhängt.

Ich behaupte, dass der Einfluss der Aspekte viel wichtiger ist als die Macht der Triplizitätsherrscher, denen ich einen minimalen Wert zuschreibe.

Dieser ergibt sich aus der allgemeinen Übereinstimmung der fundamentalen Natur des jeweiligen Zeichens mit der Triplizität. Das ist unabhängig davon, wie sehr sich die Zeichen in anderer Hinsicht voneinander unterscheiden. In der Tat ist Krebs das natürliche Zeichen des Mondes, während der Skorpion kriegerisch und die Fische wohlwollend sind. Dennoch sind sie von Natur aus gleich wässrig.

Ich denke, dass eine Betrachtung der Triplizitätsherrscher in Fragen des Temperaments und des Charakters mehr Gültigkeit besitzen wird als in der Beurteilung anderer Umstände und Ereignisse.

Deshalb ist die Würde durch die Hausherrschaft eine wichtigere als die Erhöhung durch das Haus. Diese ist wiederum wichtiger als die durch die Triplizität. Es ist sicher, dass ein Planet, wo immer er steht, die Angelegenheiten der Häuser in dieser Prioritätenfolge seiner Würden beeinflusst:

- Herrschaft,
- Erhöhung,
- Triplizität.

Gleiches gilt, wenn ihn ein Aspekt mit diesen Häuser verbindet. Die früher gegebenen Erklärungen beziehen sich auf das Domizil und die Erhöhung einzelner Planeten. Da sich jedoch drei Planeten für eine Triplizität auf dasselbe Zeichen beziehen, sollte beobachtet werden, ob es sich um ein Tages- oder Nachthoroskop handelt. Dann müssen nur zwei Planeten berücksichtigt werden. Einer davon wird der Hauptherrscher der Triplizität sein, während der andere nur der sekundäre ist. Weit verbreitete sind diese Ansichten:

- Ein Planet in seinem Domizil zeigt Stabilität und Dauer an.
- In Erhöhung verspricht er plötzliche und wichtige Veränderungen.
- Die Triplizität ergibt eine Verbindung der Bedeutungen der beteiligten Häuser.

Ptolemäus beurteilt im Aphorismus 72 des TETRABIBLOS die Erziehung und Ausbildung der Seele des Geborenen wie folgt:

> Alles was die Ausbildung der Seele angeht, schließe aus den Herren des Trigons (der Triplizität), dem der Aszendent angehört; was seine Lebensumstände und den Lebenslauf anbelangt dagegen aus den Herren des Trigons (der Triplizität) des bezüglichen Hauptlichts Sonne oder Mond.

Cardanus behauptet, wenn sich Planeten in verschiedenen Triplizitäten befinden, hat der Mensch vielfältigere Fähigkeiten. Wenn sich die Triplizitätsherrscher von Sonne und Mond in einer gemeinsamen Triplizität befinden, konzentriert der Mensch seine Fähigkeit auf wenige Dinge, besitzt darin aber eine höhere Qualität. Das finde ich ganz richtig.

2.8 Die essentielle Determination der Planeten durch Exil und Fall

Ein Planet, der sich im Exil oder Fall befindet, steht in einem Zeichen, das seiner Natur und Qualität widerspricht. Man sagt von ihm, dass er sich in einem ungünstigen himmlischen Zustand befindet. Dieser ist universell und bezieht sich auf die ganze Welt.

Im Exil ist die Macht eines Planeten beeinträchtigt, während sie im Fall schwach und inaktiver wird.

Wenn ein Planet peregrin steht, befindet er sich nicht im Zustand der Schwäche, da das Zeichen weder der Natur, der wesentlichen Qualität noch dem Einfluss des Planeten widerspricht. Ein peregriner Planet befindet sich nicht im eigenen Zeichen oder in Erhöhung, auch nicht im entgegengesetzten Zeichen oder Fall, sondern einfach in einem anderen.

Die Sonne im Wassermann und in Waage befindet sich im Exil und Fall. In den Zwillingen steht sie peregrin, ebenso in den Zeichen der Wasser- und Erdtriplizität. Ähnliches gilt für die anderen Planeten.

Daher wirkt ein peregriner Planet auf eine Weise, die zwischen einer guten und ungünstigen himmlischen Stellung liegt. Dies bezieht sich auf seine essenzielle Natur, das heißt auf seine Stellung in den Zeichen. Ein peregriner Planet kann dennoch akzidentiell durch seine Stellung im Haus sowie durch starke und günstige Aspekte mit anderen Planeten einen besseren Zustand einnehmen. Er wird dann eine stärkere Wirkung haben als ein anderer, der essentiell, das heißt in einem Zeichen, gut platziert ist.

Die Frage ist nicht, ob ein Planet im Exil oder Fall einen Einfluss auf die Angelegenheiten des Hauses hat, in dem er sich befindet. Die Erfahrung beweist, dass dies eine Tatsache ist. Zum Beispiel verursacht Saturn im Exil im zwölften Haus schwere Krankheiten und im achten einen furchtbaren Tod. Im zehnten Haus im Fall macht er den Geborenen träge und faul oder zeigt eine mittelmäßige berufliche Tätigkeit an. Es verhindert den Aufstieg und das Prestige, verursacht ihren Verlust oder bringt dem Geborenen Schande. Saturn würde solche Dinge jedoch nicht verursachen, wenn er in dieser Stellung nicht im Exil oder Fall wäre.

Wenn sich die Herrscher des Aszendenten oder des MC im Exil oder Fall befinden, ist es ein schlechtes Zeichen für die Angelegenheiten dieser Achsen und Häuser.

Die Frage ist, beeinflusst ein Planet die Angelegenheiten eines

Hauses, das im Zeichen seines Exils oder Falls steht, wenn sich der Planet selbst in einem anderen Haus befindet.

Die Logik und Erfahrung zeigen, dass diese Determination einen wahrnehmbaren Einfluss haben kann. Jeder Planet, der sich in einem bestimmten Haus in seinem Domizil oder seiner Erhöhung befindet, wäre in Opposition dazu im Exil oder Fall. Dort wäre er für die Angelegenheiten der Häuser ungünstig gestellt. Dennoch sind die Bedeutungen von gegenüberliegenden Häusern bis zu einem bestimmten Grad wechselseitig oder verwandt.

Wegen dieser Tatsache irrten sich viele Astrologen einschließlich Ptolemäus in der Vergangenheit. Sie glaubten zum Beispiel, das sechste Haus beziehe sich im Wesentlichen auf Krankheiten und das elfte auf Kinder. Diese Bedeutungen haben sie jedoch nur aufgrund ihrer jeweiligen Opposition zum zwölften und fünften Haus. Daher wird ein Planet in seinem Domizil im sechsten einen Einfluss auf die Angelegenheiten des zwölften Hauses haben. Er wird aus zwei Gründen Nachteile bringen: erstens aufgrund der Opposition, die von Natur aus negativ ist, und zweitens, weil ein Planet im gegenüberliegenden Haus im Exil steht. Was könnte ein Planet in einem Haus Gutes bringen, wenn dort seine Natur und Qualität beeinträchtigt sind?

Erfahrungen dieser Art sind häufig. Ich selbst habe Jupiter und Venus im zwölften Haus in den Fischen, dem Domizil des Jupiters und der Erhöhung der Venus. Ich wurde au vielen schweren Krankheiten gerettet und konnte oft die Inhaftierung vermeiden. Gegen verborgene und sehr einflussreiche Feinde habe ich mich durchgesetzt. Das wird durch die Sonne im zwölften Haus angezeigt, sodass sie mir trotz ihrer Macht und ihres schlechten Willens keinen unwiderruflichen Schaden zufügen konnten. Aber bei Dienstleistungen für andere war ich immer unglücklich, mit Ausnahme von zwei Gelegenheiten in der Zeit, als ich ein junger Mann und Student war.

Ich denke, es ist hinreichend klar, dass diese Bestimmung deshalb nicht völlig außer Acht gelassen werden sollte, auch wenn ihre Auswirkungen anders erklärt werden können.

Deshalb sollte Mars in der Waage als im Exil und gleichzeitig im Domizil der Venus, in der Erhöhung und Triplizität von Saturn, Venus und Merkur betrachtet werden. Das gilt ebenso für die anderen Planeten.

Es kann eingewendet werden, wenn diese Determination tatsächlich eine wesentliche Wirkung hat, sollte sie bei allen Vorhersagen und Urteilen berücksichtigt werden. Das würde jedoch verwirren und macht deshalb keinen Sinn. Das ist falsch, denn in den oben angegebenen Beispielen ist keine Verwirrung und kein Widerspruch der Bedeutungen zu finden. Außerdem hängen die Bedeutungen der gegenüberliegenden Häuser gewiss miteinander zusammen. Deshalb ist eine solche Bestimmung nicht zu vernachlässigen, ebenso wie die verschiedenen Aspekte eines Planeten immer berücksichtigt werden müssen.

Es ist jetzt klar, wie viele Dinge für einen bestimmten Planeten zu berücksichtigen sind: seine Wirkung in Bezug auf das gegenüberliegende Haus, sein Domizil, seine Erhöhung, Triplizität, sein Exil, Fall und die Aspekte. Dazu müssen das Domizil, die Erhöhung und die Triplizität jedes anderen Planeten untersucht werden, der sein Hausherrscher sein kann. Ein genaues Urteil ist möglich, weil die wichtigste Wirkung immer der Natur und dem Zustand des dominanten Planeten folgt.

Wenn sich der Widder am Aszendenten befindet, beeinflusst dieses Zeichen den Aszendenten gemäß der Natur seines Herrschers Mars, jedoch entgegen der Natur der Venus.

Der Einfluss eines Aufstiegs im Löwen entspricht der Natur der Sonne, widerspricht jedoch der Natur des Saturn. Von Venus oder Saturn kann jedoch nicht gesagt werden, dass sie die Bedeutung der oben genannten Aszendenten beeinflussen, da sie nur durch ihre eigene Natur handeln können, die im Aszendenten aufgrund ihrer Antipathie nicht existieren würde.

Aber wenn Jupiter Herrscher des Aszendenten und im Trigon dazu wäre, würde der wohltätige Einfluss durch den Rang, den Jupiter im Aszendenten hat, gesteigert. Würde sich allerdings Saturn am Aszendenten im Exil befinden oder dazu im Quadrat oder in

Opposition, würde das Üble des Quadrats oder der Opposition aufgrund der Natur des Saturn sich steigern, da sie dem aufsteigenden Zeichen widersprechen. Gleiches gilt für die anderen Zeichen.

2.9 Die akzidentielle Determination der Planeten durch ihre Aspekte und ihre allgemeine Bedeutung

Die Bedeutung der Aspekte oder Strahlen der Planeten, insbesondere bei einer Direktion der Planeten, wurde von allen Astrologen beobachtet und verdient die größte Aufmerksamkeit.

Der Einfluss der Konjunktion eines Planeten ist direkt und entspricht der grundlegenden Qualität des Planeten. Seine anderen Aspekte, die Opposition, Quinkunxe, Trigon, Quadrat, Sextil und Halbsextil, müssen die elf Punkte des Primum Caelum durchdringen. Sie werden durch den Planeten und die Natur des jeweiligen Aspekts modifiziert.

Mit anderen Worten, diejenigen Punkte, die durch die verschiedenen Aspekte eine akzidentielle Bestimmung erhalten, haben einen Einfluss, der in Übereinstimmung ist mit der Natur der Aspekte, die sie bilden. Darüber hinaus hängen sie von der Natur, der Kraft und dem Zustand der am Aspekt beteiligten Planeten ab.

Ein Planet kommuniziert universell, das heißt auf der ganzen Erde, durch seine Aspekte mit qualitativer Kraft. Das geschieht jedoch auf spezifische Weise und hängt von der Art des Aspekts ab. Obwohl diese Macht universell ist, ergeben sich unterschiedliche Wirkungen. Selbst mit den gleichen Aspekten betrifft es jede Person wegen den Angelegenheiten der Häuser, in welche die Aspekte fallen, ganz individuell.

Die Planeten haben durch ihre Aspekte keine guten oder schlechten Wirkungen aufeinander. Wenn zum Beispiel die Sonne im Quadrat zum Mars steht, ist die richtige Bedeutung die, dass der Punkt des Marsquadrats auf dieselbe Stelle fällt, welche die Sonne einnimmt, und deshalb auf die Sonne selbst. Sie wirken zusammen so auf die sublunare Welt, wie die Planeten mit den

Zeichen als Partner bei einer gemeinsamen Handlung zusammenwirken.

Die Partnerschaft zwischen wohltätigen Aspekten und Planeten ist gut, während schädliche Aspekte von Übeltätern unheilvoll sind. Wohltätige Aspekte von Übeltätern oder unheilvolle Aspekte von wohltätigen Planeten ergeben in der Kombination eine mittlere Wirkung. Die Aspekte auf die Häuserspitzen sollten dabei ebenfalls berücksichtigt werden. Ein Planet kann daher durch seine Aspekte zweierlei Arten der spezifischen Wirkung haben und bestimmte Dinge verursachen. Daher ist es klar, dass den Aspekten und Zeichen Handlungskräfte zu eigen sind, die von der qualitativen Kraft der Planeten abhängen. Tatsächlich scheinen die Planeten manchmal durch ihre Aspekte stärker zu wirken als durch ihre Herrschaft.

Zum Beispiel hat die Erfahrung gezeigt, dass es eine ernstere Angelegenheit ist, wenn der Aszendent von einem Quadrat oder einer Opposition des Mars oder Saturn betroffen ist, als wenn er unter ihrer Herrschaft steht. Andererseits ist es besser, wenn auf den Aszendenten ein Jupitertrigon fällt, als wenn der Aszendent von Jupiter beherrscht wird. Voraussetzung ist natürlich, dass jeweils alle anderen Faktoren gleich sind.

Wenn sich Jupiter als Herrscher des Aszendenten am MC und in einer guten Zeichenstellung befindet, ist es viel besser, als wenn er sich im achten Haus in einer ungünstigen Himmelsstellung befindet, aber zum Aszendenten ein Trigon bildet. Aus einem ähnlichen Grund ist es verständlich, dass ein Planet für das Haus, zu dem er in Opposition steht, eine größere Bedeutung haben kann als der Herrscher dieses Hauses, der sich in einem anderen Haus befindet. Das gilt besonders, wenn der Hausherrscher schwach steht und keinen Aspekt zur Spitze dieses Hauses bildet.

Darüber hinaus sollte man beachten, dass der Planetenaspekt im Haus, in dem sich der Planet befindet, eine größere Wirkung entfaltet als im Haus, über das er herrscht. Deshalb würde der Mars, der das dritte Haus regiert, im vierten steht und ein Trigon auf den Aszendenten wirft, den Geborenen bei seinen Brüdern oder Schwestern unbeliebt machen, während ihn seine Eltern schätzen würden.

2.10 Wie die Planeten durch ihre Natur und Aspekte Gutes und Schlechtes bewirken

Einige Planeten sind von Natur aus wohltätig, deshalb werden Jupiter und Venus gemeinhin Wohltäter genannt. Im Gegensatz dazu gelten Mars und Saturn als bösartig und Übeltäter. Die Wohltäter erzeugen aufgrund der unterschiedlichen Natur und Qualität der Aspekte jedoch nicht in allen Aspekten Gutes. Einige sind von Natur aus wohltätig und neigen dazu, Gutes zu bewirken, während andere schädlich sind.

Ein bestimmter Planet wirkt gleichzeitig Gutes und Schlechtes, wenn er von seiner Stellung im Caelum sowohl wohltätige als auch schädliche Strahlen aussendet. Dabei sollte jedoch der Unterschied beachtet werden, dass die guten Strahlen oder Aspekte der wohltätigen Planeten mehr zum Guten neigen und seine schlechten für Schädliches weniger anfällig sind, als dies bei den Übeltätern der Fall ist. Daher hat ein bestimmter Planet durch die von Natur aus vorteilhaften Aspekte Trigon, Sextil und Halbsextil einen guten Einfluss. Von ihnen ist das Trigon der stärkste Aspekt, das Halbsextil der schwächste und das Sextil weist eine mittlere Stärke auf.

Derselbe Planet hat durch die Opposition, das Quadrat und den Quinkunx einen schlechten Einfluss. Diese sind von Natur aus unheilvoll, wobei die Opposition die stärkste, der Quinkunx die schwächste und das Quadrat eine mittlere Stärke besitzt.

Die Konjunktion mit einem bestimmten Grad des Himmels ist eigentlich kein Aspekt, obwohl sie zu ihnen gezählt wird. Die Konjunktion ist vielmehr der Ursprungspunkt der Aspekte und ihre Qualität ist in Bezug auf die Wirkung neutral. Im Allgemeinen ist die Konjunktion eines wohltätigen Planeten gut und die eines Übeltäters unheilvoll.

Darüber hinaus erzeugen die vorteilhaften Strahlen eines wohltätigen Planeten mühelos viel Gutes. In den glücklichen Häusern bewirken sie Gutes und in den unglücklichen verhindern und mildern sie Schaden. Ihre negativen Strahlen bringen jedoch Schwierigkeiten,

Abbildung 7: Kardinal Richelieu, 9.9.1585, 9:31 LMT, Paris

Hindernisse oder Unglück mit sich, die überwunden werden müssen. Wenn sich ein Wohltäter in einer üblen himmlischen und irdischen Stellung befindet, nützen seine wohltätigen Strahlen nur sehr wenig, während seine schädlichen Strahlen viel Schaden anrichten.

Zum Beispiel befindet sich der wohltätige Jupiter im Horoskop von Kardinal Richelieu im achten Haus im Exil und ist daher lebensfeindlich. Gleichzeitig steht er in Konjunktion mit dem Fixstern Oculus Taurus, dem Aldebaran im Sternbild Stier.

Als der Jupiter in der Direktion die Opposition zum Aszendenten erreichte, den Hauptsignifikator für Richelieus Leben, starb dieser.

Die unheilvollen Strahlen oder Aspekte eines Übeltäters sind äußerst schädlich. In unglücklichen Häusern verursachen sie Unheil, in

Abbildung 8: König Gustav Adolf II. von Schweden, 19.12.1594; 7:12 LMT, Stockholm

den glücklichen verhindern oder verderben sie das Gute. Wenn er jedoch Herrscher eines glücklichen Hauses ist, auf das ein nachteiliger Aspekt fällt, erzeugt der Aspekt im glücklichen Haus zwar Gutes, dennoch wird es von Gewalt, Schaden oder Unglück begleitet sein.

In den unglücklichen Häusern ist das Ergebnis schlimmer. Zum Beispiel ist ein Mars, der als Herrscher vom achten Haus im zweiten steht, fast immer die Todesursache.

Die günstigen Strahlen zeigen wiederum etwas Gutes an, das mit schwierigen Mitteln gewonnen wurde, zum Beispiel im Horoskop des schwedischen Königs. Saturn regiert dort das zweite Haus und sein Trigon zur Sonne im ersten Haus zeigt großen Reichtum an. Er würde ihn durch Krieg erwerben, weil sich Merkur, der Herrscher des siebten, im zweiten Haus befindet. Als er diese Dinge erhielt, hatte er Glück, weil wir Jupiter, Merkur, Venus und den Glückspunkt im zweiten Haus finden. Alle werden wiederum von Saturn regiert. Wenn jedoch die himmlische und irdische Stellung bösartiger Planeten ungünstig sind, wirken selbst ihre wohltätigen Strahlen sehr schädlich.

Im Horoskop des gleichen Königs sagt die Stellung von Saturn im Exil im achten Haus, im Quadrat zum Mars im zwölften sowie im Trigon zur Sonne im ersten einen gewaltsamen Tod voraus. Das gilt nicht zuletzt, weil sich Jupiter, Herrscher des Aszendenten und der Sonne, in Opposition zu Saturn und im Quadrat zu Mars befindet.

Man muss immer das Haus des aspektierenden Planeten beachten und bestimmen, ob er das Gute oder das Schädliche des Hauses bevorzugt, in das er einen Aspekt wirft. Damit ist klar, dass derselbe Aspekt für eine Sache von Vorteil und für eine andere schädlich sein kann. Das ist eine Tatsache, die immer beachtet werden sollte.

Darüber hinaus ist die Wirkung eines Übeltäters unheilvoll in einem nicht verwandten Zeichen und mit einem ungünstigen Aspekt zu einem anderen Planeten, der von Natur aus oder durch seine Stellung und Determination bösartig ist. Ein Übeltäter in einem guten Aspekt zu einem Wohltäter ist nicht schlecht. Ein Wohltäter in einem nicht verwandten Zeichen und ungünstigen Aspekt zu einem Übeltäter ist schädlich.

Beachten Sie außerdem sorgfältig, dass der Einfluss eines Planeten auf die Aspekte ein dreifacher ist:

Erstens wirkt ein Planet durch seine eigene Natur, denn die Wirkung der Sonne ist immer solar, die des Mondes ist lunar, die des Saturn saturnal und so weiter.

Zweitens wirkt der Planet durch seine Himmelsstellung und die daraus resultierenden Aspekte auf die anderen Planeten. Außerdem hängt ein Planet vom Herrscher des Zeichens ab, das er besetzt. Er handelt mit ihm zusammen wie mit einem Partner, wie wir häufig festgestellt haben. Wenn er gut platziert ist, bringt er gute Ergebnisse, zumindest durch seine wohltuenden Strahlen. Wenn er schlecht steht, bringt er Unheil zumindest durch seine schädlichen Strahlen.

Drittens wirkt der Planet durch seinen irdischen Zustand, das heißt, durch seine Stellung in einem Haus und durch seine Herrschaft. Der Einfluss eines Aspekts wird immer durch die Natur und Himmelsstellung des Planeten determiniert, aber nicht immer durch Standort und Herrschaft. Manchmal wird er durch den einen oder anderen und manchmal durch beide zusammen determiniert.

Zum Beispiel bringt Jupiter im ersten Haus und im Trigon zum MC dem Geborenen Glück in seiner weltlichen Position und im Beruf in Übereinstimmung mit der Natur und himmlischen Stellung des Jupiters. Wenn Jupiter zusätzlich der Herrscher des MC ist, wird das Glück noch größer und beständiger sein. Wenn das Jupitertrigon darüber hinaus auf die Sonne im zehnten Haus fällt, ist das größte Glück möglich. Die gleichen Argumente gelten für die anderen Aspekte, ob sie nun gut oder schlecht sind.

Im Allgemeinen bringt ein bestimmter Planet durch seine Aspekte zu den Planeten, Hausspitzen oder Direktionen Glück oder Unglück. Sie entsprechen den angezeigten Angelegenheiten, die in seinem eigenen Zustand begründet liegen. Letzterer basiert auf seiner Stellung und Herrschaft sowie auf der Art seiner Aspekte. Daher wird der Mars im siebten Haus als Herrscher des vierten und elften sowie im Trigon mit der Sonne am MC das Ansehen des Geborenen durch Rechtsstreitigkeiten, Konflikte, Ehepartner, Eltern und Freunde fördern. Wenn der Mars mit der Sonne ein Trigon bildet, werden diese mit Sicherheit eintreten.

Zusätzlich zu den drei bereits erwähnten Punkten sollte man beachten, ob der Aspekt eines Planeten applikativ oder separativ ist. Wenn alles andere gleich bleibt, ist die Applikation wirksamer als die Separation. Wenn sich ein Planet auf einen anderen zubewegt, ist auch der Letztere hinsichtlich seiner Natur sowie nach seiner Stellung im Zeichen und Haus zu betrachten, bevor man ein Urteil fällt.

Zum Beispiel läuft im Horoskop des schwedischen Königs der Aszendentenherrscher Jupiter auf eine Opposition mit dem Übeltäter Saturn zu, der im Exil im achten Haus steht. Gleichzeitig nähert er sich einem schädlichen Quadrat mit dem Mars. Beide sind Anzeichen für einen gewaltsamen Tod des Königs.

Daraus wird deutlich: Wie die Planeten durch ihre Hausstellungen und -herrschaften das Gute oder Böse dieser Häuser gewähren oder leugnen, tun sie es auch durch ihre Aspekte entsprechend ihren Determinationen. Zwei Planeten, die miteinander einen Aspekt bilden, beeinflussen die Angelegenheiten der Häuser, in denen sie sich befinden.

Wenn also Jupiter im ersten Haus ein Trigon zur Sonne im zehnten bildet, wird der Sonnenaspekt den Jupiter dazu veranlassen, die Angelegenheiten des zehnten Hauses hinsichtlich Anerkennung und Prestige zu fördern. Andererseits wird der Jupiteraspekt in Richtung Sonne diese dazu zu bewegen, die Angelegenheiten des ersten Hauses, das heißt in Richtung Charakter, Ruhm und Ehre, günstig zu beeinflussen.

Wenn Saturn im achten Haus in Opposition zum Aszendentenherrscher Jupiter im zweiten steht, färbt die Opposition zwischen Saturn und Jupiter den Jupitercharakter und verleiht ihm eine Saturn-Note. Diese besondere Opposition zwischen Jupiter und Saturn könnte den Tod durch richterliche Entscheidung anzeigen. Deshalb hat derselbe Aspekt immer verschiedene Bedeutungen. Diese Tatsache wurde von den Alten mit Sicherheit nicht bemerkt, als sie uns ihre Versionen der Auswirkungen der Aspekte übergaben.

Darüber hinaus können die Aspekte eines Planeten die Macht der Signifikatoren erhöhen, verringern oder beeinträchtigen. Manchmal geschieht das bemerkenswert, ein andermal nur in geringem Maße. Wenn zum Beispiel Jupiter im zehnten Haus steht, ist das ein Zeichen für großes Ansehen und Prestige, aber wenn die Sonne ihn zusätzlich durch ein Trigon begünstigt, wird Jupiters Macht, Ehre und Prestige noch erheblich weiter verstärkt. Wenn ihn jedoch Saturn durch ein Quadrat beeinträchtigt, wird seine Macht nicht nur geringer, sondern auch beeinträchtigt und sagt einen Schaden voraus, der mit Position, Rang oder Beruf verbunden ist.

Die essentiellen Determinationen der Planeten und ihre Stellungen im Horoskop geben einen Hinweis auf die Natur und Wirkung des Aspekts. Zum Beispiel bedeutet Jupiter Voraussicht und Mars Wagemut.

Wenn beide im zehnten Haus und in einer guten himmlischen Stellung in Konjunktion stehen, zeigen sie im Bereich des Berufs beträchtliche Autorität und Macht an, die durch Voraussicht und Wagemut erworben wurden.

Im zweiten Haus würden diese Planeten durch Voraussicht und gewagtes Handeln erworbenes Geld anzeigen. Außerdem sprechen sie für außergewöhnliche Ausgaben oder Verschwendung.

Was hier über die Konjunktion gesagt wird, betrifft jeden stärkeren Aspekt, denn man muss immer die Natur der Aspekte und die beteiligten Planeten sowie ihre Stellung in den Zeichen und Häusern berücksichtigen.

Es kann der folgende Einwand erhoben werden: Wenn die Gesamtwirkung eines Planeten durch alle seine Aspekte bestimmt wird[19] und sie sich auf die Angelegenheiten aller Häuser beziehen, in die sie fallen, hat dieser Planet einen Einfluss auf alle Angelegenheiten des Geborenen. Er müsste daher als Signifikator für alles angesehen werden: für die physische Konstitution, die Finanzen, die Brüder, die Eltern usw. Für jedes dieser Häuser müsste ein Urteil über alle Aspekte getroffen werden, die von jedem der Planeten gebildet werden. Tatsächlich könnte eine solche Beurteilung der Sternwirkung jedoch nur unlösbare Schwierigkeiten und größtmögliche Verwirrung mit sich bringen, die unmöglich zu klären wären. Daher haben die Planeten entweder keinen Einfluss auf ihre Aspekte oder die davon abgeleiteten Urteile sind zu unsicher, um von Nutzen zu sein.

Ich würde antworten, dass die Handlung, die von Sternursachen ausgeht, sowohl wahrnehmbar als auch nicht wahrnehmbar ist. Die Wirkung der Sonne ist für alle wahrnehmbar, während die Wirkung eines Fixsterns der sechsten Größe für niemanden wahrnehmbar ist; aber, dass er eine gewisse Wirkung hat, kann nicht geleugnet werden. So ist es auch in der Astrologie, was auch immer sich in

[19] Morin verwendet das Wort »Aspekt« weiterhin häufig im Sinne der elf möglichen »Strahlen«, die ein bestimmter Planet aussendet, gleichgültig, ob diese »Strahlen« auf einen anderen Planeten treffen oder nicht.

den Sternen zeigt, hängt von allen Planeten und ihren Aspekten ab. Es hängt aber nicht von allen in gleicher Weise ab, sondern von einigen mehr und von anderen weniger.

Tatsächlich beurteilt der Astrologe die Wirkungen nur anhand der wichtigsten und kraftvollsten Ursachen: anhand der Zeichenstellung des Planeten, der das Haus regiert, auf das sich die Angelegenheit von Interesse bezieht – oder er beurteilt den Herrscher selbst, sowie die stärksten Aspekte auf das Haus. Dazu gehören die Opposition, das Trigon, Quadrat und Sextil, wie sie von den antiken Astrologen verwendet wurden.

Die verbleibenden Aspekte Halbsextil und Quincunx haben selten eine Wirkung, es sei denn, sie sind partil, das heißt, sie liegen innerhalb eines Orbis von bis zu 1°.

Manchmal ist ein Effekt auch noch bei den sekundären Häuserherrschern spürbar, aber nicht weiter. Obwohl jeder Planet durch seine in alle Richtungen gehenden Strahlen alle Häuser beeinflusst, hat der kraftvollste Strahl, der ein bestimmtes Haus betrifft, den Vorrang vor den schwächeren.

Nachdem der Astrologe die Einflussstärke der Planeten und alle anderen relevanten Faktoren geprüft hat, stützt er sein Urteil auf das Zeugnis der wichtigsten beteiligten Elemente. Es ist von der Wahrheit weit entfernt, dass man ein Urteil nicht ohne hoffnungslose Verwirrung fällen kann, denn selbst beim ersten Betrachten kann man ein Horoskop meist genau beurteilen.

Dabei sollte man das Gute, Schädliche sowie die Stärken und Schwächen der Haupteinflüsse und die Frage, welches Thema des Interesses sie betreffen, genau beachtet werden. Sie werden immer stärker hervortreten, als die weniger wichtigen.

Überstürzen Sie Ihr Urteil nicht, sondern durchdenken Sie es sorgfältig, damit es Ihnen selbst und der Wissenschaft Ehre macht.

2.11 Planetenverbindungen bei unterschiedlichen Aspekten

Vorbemerkung des Übersetzers: Von der Erde aus in Richtung Süden beobachtet beschreibt der Tierkreis wie die Sonne einen primären Bewegungsbogen, der im Osten aufsteigt und sich über den Süden bewegt, um im Westen unterzugehen. Die Planeten kommen den Häuserspitzen entgegen, das heißt, die Planeten bewegen sich in Tierkreisrichtung auf die Häuserspitzen und den Aszendenten zu.

Als rechte oder Dexter bezeichnet man diejenigen Aspekte, bei denen ein Planet vom Aszendenten aus gesehen vor dem Bezugsplaneten aufgeht und daher in den Tierkreiszeichen und auf dem Zodiak weiter zurück liegt. Sie gelten als die aktiven, starken und mit taghellen Eigenschaften verbundenen Aspekte.

Die Sinister-Aspekte zeigen die gegenteiligen Eigenschaften. Sie werden linke Aspekte genannt, da sie vom Aszendenten und Bezugsplaneten aus gesehen später am Osthorizont aufgehen. Sie folgen ihnen deshalb im Tierkreis nach. Ihnen werden verborgene, passive und nächtliche Eigenschaften zugeschrieben.

Erstens: Zunächst müssen die Aspekte auf die Häuserspitzen berücksichtigt werden. Die rechten Dexter-Aspekte gelten als wirksamer im Vergleich zu den linken Sinister-Aspekten, welche den Spitzen im Tierkreis nachfolgen.

Dies trifft jedoch nicht immer zu, deshalb muss man dabei unterscheiden: Wenn zum Beispiel ein Planet durch ein Quadrat von rechts auf eine Spitze wie das MC bildet, aber gleichzeitig ein linkes Quadrat von einem anderen Planeten oder dem Aszendenten auf das MC fällt, hat der Dexter eine größere Wirkung. Dieses Beispiel könnte nur bei einem Vergleich zweier Horoskope auftreten.

Wenn ein Planet jedoch durch einen rechten Dexter-Aspekt im Quadrat dem MC vorausgeht, aber durch die Primärbewegung der

Aszendenten in ein linkes, finsteres Quadrat läuft, hat der linke Sinister-Aspekt die größere Wirkung. Gleiches gilt für die anderen Aspekte.

Beachten Sie jedoch, dass sich der Aszendent hier auf die Spitze selbst oder auf den Punkt im Kreis der Häuser bezieht, an dem das erste Haus beginnt, nicht jedoch auf den Grad des Caelum, der diesen Punkt oder diese Spitze einnimmt. Wenn ein direktläufiger Planet durch die Primärbewegung einen Aspekt zu dieser Spitze bildet, trennt er sich gleichzeitig von dem Grad des Caelum, den er durch seine eigene oder sekundäre Bewegung einnimmt. Wegen dieser Tatsache hat die Applikation eine größere Wirkung als die Separation. Alles andere bleibt gleich.

Zweitens: Die Aspekte zwischen den Planeten sind zu berücksichtigen, da die Planeten durch ihre eigene oder sekundäre Bewegung von West nach Ost miteinander in Beziehung treten. Von diesen werden die linken, finsteren Sinister-Aspekte im Allgemeinen stärker sein als der rechte Dexter.

Auch hier ist eine Unterscheidung erforderlich, denn wenn die Venus ein linkes Sinister-Trigon zum Mars in direkter oder rückläufiger Bewegung bildet und somit auf den Mars zuläuft, ist dieser Aspekt stärker, als wenn sie ein rechtes Trigon zum Mars über ihr bildet, bei dem sie sich aus dem Aspekt entfernt.

Das heißt, die Venus hat wegen ihrer Geschwindigkeit einen größeren Einfluss auf die essentielle und akzidentielle Determination des Mars als der Mars auf die Determination der Venus.

Wenn andererseits die Venus durch ein rechtes Trigon auf den Mars zuläuft und trifft, ist das Trigon stärker als das linke Trigon, bei dem sich die Venus vom Mars separiert. Gleiches gilt für die anderen Aspekte.

Drittens: Der gleiche Aspekt von denselben Planeten ist in Bezug auf die verschiedenen möglichen Stellungen der Planeten zu betrachten. Zum Beispiel erzeugen Mars und Mond im Quadrat nicht immer genau den gleichen Effekt, wie von den Astrologen, die Tabellen über die Wirkungen der Aspekte der Planeten aufstellen, angenommen wird. Das liegt daran, dass der Aspekt aufgrund der zwölf Tierkreiszeichen, in denen Mars oder Mond stehen können, zwölf Variationen haben kann.

Die Wirkung des Mars im Widder ist eine andere als im Stier. Das Gleiche gilt für den Mond, obwohl sein Quadrat im Allgemeinen, wenn sich zum Beispiel der Mars in der Waage und der Mond im Steinbock befindet, auf etwas Unglückliches oder Schädliches hinweist. Dennoch gibt es weitere Unterschiede, wenn sich der Mars im Steinbock und der Mond in der Waage befinden.

Noch genauer kann man sagen, die Art des Unglücks mit Mars im ersten und Mond im zehnten Haus ist eine andere als mit Mars im zehnten und Mond im ersten Haus. Diese Variationen sollten durch das Verständnis von den grundlegenden Prinzipien zeigen, wie wertlos die oben genannten Tabellen sind.

Viertens: Ein Aspekt zwischen zwei Planeten ist unter Einbezug der Vorherrschaft eines Planeten über den anderen zu betrachten. Wenn zwei Planeten eine Konjunktion, Opposition oder ein Quadrat bilden, stellt sich die Frage, welcher ist mächtiger ist. Die Antwort findet man durch die Betrachtung von vier Punkten:

1. Durch die Würde der am Aspekt beteiligten Planeten: Wenn alles andere gleich ist, ersetzen Sonne und Mond wegen ihrer Bedeutung die anderen Planeten, denn sie sind die wichtigsten Gestirne über der Erde. Dabei steht die Sonne noch über dem Mond. Darüber hinaus sind die erhabeneren Planeten Saturn, Jupiter und Mars mächtiger als die ihnen untergeordneten Planeten Venus und Merkur. Wenn die Venus ein Quadrat zu Saturn bildet, wird die Venus daher stärker vom Quadrat des Saturn beeinflusst als der Saturn vom Quadrat der Venus.
2. Der durch seinen Himmelszustand stärker stehende Planet siegt über den schwächeren Planeten. Daher beeinflusst Mars im Steinbock im Quadrat zur Sonne in der Waage die Sonne und ihre Bedeutungen sehr stark. Der Steinbockmars steht in Erhöhung, während die Waagesonne im Fall ist.
3. Bei einem aspektierenden Planeten, der die Angelegenheit des Hauses, in das die Aspekte fallen, zum Guten oder Schlechten beeinflusst, wird sich seine Häuserstellung durchsetzen. Wenn

zum Beispiel Jupiter im Schützen am Aszendenten stünde, würde seine Natur, Stellung und Herrschaft die physische Konstitution bestimmen.

Der Einfluss des Jupiter auf die Lebensdauer wäre sogar noch stärker, wenn er in Konjunktion oder im Quadrat zum Mond stünde, der Herrscher des achten Hauses wäre, das nicht anderweitig betroffen ist. Stünde Jupiter am Aszendenten im Exil und in Konjunktion mit einem Mars, der das achte Haus regiert, würde der Einfluss des Mars als Vorbote des Todes überwiegen. Mars würde sich dabei von Natur aus und durch seine Herrschaft eindeutig auf den Tod beziehen. Er würde Jupiter, den Signifikator des Lebens, stark beeinträchtigen.

4. Wie schon in Kapitel 2.10 erwähnt, sollte man bei den Planeten beachten, ob ihre Aspekte applikativ oder separativ sind. Dabei ist der Planet, der im Aspekt auf den anderen zuläuft und ihn trifft, der stärkere der beiden.

Nachdem man den mächtigsten Planeten gefunden hat, muss man außerdem beachten, ob er etwas oder viel mächtiger ist. Man muss dabei jeweils den anderen Planeten prüfen, weil beide bei der Handlung partnerschaftlich zusammenwirken.

Ein Quadrat vom Saturn zur Sonne oder von der Sonne zum Saturn bleibt selbst bei einer Separation wirksam.

Je stärker ein Planet durch seine himmlische und irdische Stellung zum Guten oder Bösen neigt, desto genauer sollte beachtet werden, in welche Häuser seine Aspekte fallen. Das ist wichtig, denn die Bedeutungen der Häuser werden je nach Aspekt stärker zum Guten oder Schlechten hin beeinflusst.

Fünftens: Zwei verschiedene Aspektarten sind auf zweierlei Arten zu analysieren:

1. Vom Standpunkt eines Planeten aus: Dabei ist die Opposition eines Planeten stärker als das Quadrat. Das Trigon ist stärker als das Sextil. Das gilt im universellen Sinne, weil das Quadrat eine halbe Opposition und das Sextil ein halbes Trigon ist. Akzidentiell kann jedoch aufgrund der Determinationen und wegen der Aspekte des Planeten das Gegenteil der Fall sein.

Wenn zum Beispiel Jupiter als der Herrscher des Aszendenten im elften Haus steht, hat er aufgrund eines Sextils zum Aszendenten einen größeren Einfluss auf das Temperament, den Charakter und die Anlagen des Geborenen als durch sein Trigon auf das dritte Haus und die Angelegenheiten der Geschwister. Ein Mars, der als Herrscher des achten Hauses im zehnten und damit in Opposition zum vierten steht, hat durch sein Quadrat zum Aszendenten einen größeren Einfluss auf das Leben des Geborenen als auf seine Eltern oder sein Erbe durch die Opposition zum vierten Haus.

2. Bei dem Standpunkt zweier Planeten in Bezug auf denselben Signifikator ist zu beachten: Wenn zum Beispiel ein Jupitertrigon und Marsquadrat auf den Aszendenten fallen, hat jeder der beiden Aspekte einen Einfluss auf die Lebensdauer sowie den Charakter des Geborenen. Das Ergebnis ist jedoch gemischt, da die Strahlen gemischt sind und die Planeten zusammenwirken wie in einer Mischung aus kaltem und heißem Wasser, aus der ein Zwischenprodukt gewonnen wird.

Bei diesem Problem sind fünf Punkte zu berücksichtigen:

1. Beachten Sie den Aspekt selbst. Das Trigon ist der Aspekt, der zuerst das Gute tut, während das Quadrat schädlich ist. Letzteres ist nur halb so unheilvoll wie eine Opposition. Das Jupitertrigon kann jedoch stärker helfen, als das Marsquadrat das Leben bedroht.
2. Beachten Sie die Himmelsstellung von Jupiter und Mars. Wenn der Mars stark steht, wie zum Beispiel im Skorpion oder Steinbock, während der Jupiter schwach ist, wie in den Zwillingen, könnte das Marsquadrat einen größeren Schaden anrichten, als ihm das Jupitertrigon widerstehen kann.
3. Beachten Sie die Häuserstellungen der Planeten und ihre Auswirkungen auf die zu untersuchenden Angelegenheiten.

   Ein Mars, der als Herrscher vom achten Haus im Quadrat zum Aszendenten steht, bedroht das Leben in höherem Maße als ein Trigon des Jupiters, der das achte oder zwölfte Haus regiert und der ihm helfen könnte. Obwohl das Jupitertrigon für die

Gesundheit eine große Unterstützung ist, sollten seine Stellung, Herrschaft und Aspekte solche sein, welche die Gesundheit fördern. Außerdem sollten sie frei von jeglicher Verbindung zu Krankheiten oder Tod sein. Das wäre nicht der Fall, wenn Jupiter im achten Haus stünde oder er der Herrscher des achten oder zwölften Hauses wäre.

Diese Begründung gilt auch für andere Aspekte, die miteinander um denselben Signifikator wetteifern, sei es nun für den Charakter, Beruf, die Ehe oder was auch immer. Wenn die zusammenwirkenden Aspekte im Guten oder Schlechten übereinstimmen, kann man problemlos ein Urteil fällen.

4. Ergeben sich Aspekte von zwei Planeten zu einem gemeinsamen Signifikator, zum Beispiel zum Aszendenten oder zur Sonne, dann beachten Sie den Orbis zu ihnen. Der mehr partile Orbis gewinnt den Vorzug über den größeren, besonders wenn der Erstere durch die Direktion zuerst genau wird.
5. Beachten Sie, ob sich die Planeten in Applikation oder Separation befinden, da ein Planet in Applikation gegenüber einem in Separation befindlichen bevorzugt wird.

Sechstens: Der Aspekt ist dahingehend zu analysieren, ob er von einem Planeten stammt, der sich in einer vorteilhaften oder nachteiligen Zeichenstellung befindet. Dies ist wichtig, denn es ist zweifelhaft, ob ein Quadrat oder eine Opposition des Saturn aus seinem Domizil oder seiner Erhöhung genauso schädlich ist wie aus seinem Exil oder Fall.

Der Zweifel wird jedoch beseitigt, indem man Jupiter betrachtet, der durch eine positive Himmelsstellung und ein Trigon mehr Unterstützendes hervorbringt, als wenn er ungünstig stünde. In einer unglücklichen Himmelsstellung schadet er durch sein Quadrat mehr als in einer guten Zeichenstellung. An dieser Tatsache hat kein Astrologe jemals gezweifelt.

Warum sollte Saturn dann in einer ungünstigen Himmelsstellung durch sein Quadrat keinen größeren Schaden anrichten als in einer guten? Daher ist das Saturnquadrat immer schädlich, aber umso mehr, wenn seine Himmelsstellung ungünstig ist.

Dies wird im Horoskop des schwedischen Königs gezeigt. Als der dirigierte MC ein Quadrat zu seinem Saturn im Löwen im achten Haus bildete, wurde er getötet.

Somit ist ein Jupitertrigon aus seinem Domizil das Beste, während sein Quadrat von dort aus harmlos oder nur sehr geringfügig schädlich ist. Ein Trigon aus seinem Exil ist jedoch nutzlos oder nur geringfügig hilfreich, während ein Quadrat von dort sogar schädlich ist.

Ähnlich vorteilhaft wirkt ein Saturntrigon aus seinem Domizil, während sein Quadrat nicht vorteilhaft wäre. Ein Saturntrigon aus seinem Exil ist nutzlos, sogar schlecht, und sein Quadrat sogar ziemlich schädlich. Natürlich sind diese allgemeinen Aussagen nur gültig, wenn alle anderen Faktoren gleich sind.

Siebtens: Aspekte gleicher Qualität müssen hinsichtlich ihrer guten oder schädlichen Natur berücksichtigt werden. Obwohl alle Quadrate und Oppositionen an sich böse sind, sind sie schädlicher, wenn sie von den Übeltätern Saturn und Mars kommen. Noch schlimmer sind sie jedoch, wenn diese Planeten durch ihre himmlische Stellung beeinträchtigt oder verdorben werden.

Eine weitere Steigerung ist wenn sie sich durch ihre Häuserstellung oder -herrschaft auf die Angelegenheiten der unglücklichen Häuser oder deren oppositionelle Häuser beziehen.

Am schlimmsten ist es, wenn die Übeltäter nicht nur die Herrscher des ersten oder zehnten, sondern auch des achten oder zwölften Hauses sind oder über die Planeten in diesen Häusern herrschen. Das gilt besondere, wenn sie die Sonne und den Mond treffen.

Besonders böse ist eine Opposition zwischen Mars und Saturn, vor allem, wenn sie partil ist. Wenn einer von ihnen der Herrscher des Aszendenten ist, kann sie zum Tod führen.

Obwohl alle Trigone und Sextile an sich gut sind, sind es die von Jupiter, Venus, Sonne, Mond und Merkur besonders.

Wenn sie sich in einer günstigen Himmelsstellung befinden, sind sie sogar noch besser. Eine weitere Steigerung ist gegeben, wenn sie sich durch ihre Stellung oder Häuserherrschaft auf die Angelegenheiten der glücklichen Häuser beziehen.

Das Beste bewirken sie, wenn sie zusätzlich die Häuser aspektieren, welche die glücklichen Dinge oder Planeten, die in ihnen stehen, anzeigen. Das gilt insbesondere für Jupiter, Venus, Sonne, Mond oder Merkur. Deshalb wäre eine Opposition von Saturn im Löwen und Sonne im Wassermann sehr schlecht, dagegen wäre ein Trigon von Jupiter in den Fischen zum Mond im Krebs ausgezeichnet.

Achtens: Die Aspekte sind im Lichte des vorangegangenen und nachfolgenden Aspekts zu analysieren. Wenn ein Wohltäter einem anderen Wohltäter unmittelbar folgt, entfaltet sich das angezeigte Gute mit Leichtigkeit und Gewissheit.

Wenn ein Übeltäter auf einen anderen Übeltäter folgt, wird sich das Üble mit Sicherheit und ohne Verzögerung zeigen.

Aber wenn ein Übeltäter einem Wohltäter folgt, wird das offensichtlich Gute in Nachteiliges verwandelt. Wenn ein Wohltäter einem Übeltäter folgt, geschieht das Gegenteil.

Man sollte immer die Stärke des folgenden Aspekts beachten, das heißt seine Natur, die beteiligten Planeten sowie ihre himmlische und irdische Stellung. Je stärker er ist, desto größer ist die Gewissheit, dass das, was oben erklärt wurde, auch stattfindet.

Außerdem sollte man den Aspekt und Planeten beachten, der dem Aspekt unmittelbar vorhergeht, denn ein Planet, der sich von einem guten Aspekt wegbewegt und sich einem andere nähert, ist glücklich.

Ein Aspekt, der sich von einem Übeltäter zu einem anderen Übeltäter hinbewegt, bringt Unglück. Andere Kombinationen ergeben Zwischeneffekte.

Neuntens: Beim Analysieren von Aspekten und der daran beteiligten Planeten muss man die Planeten berücksichtigen, die über die Häuser herrschen, in denen die Aspektplaneten stehen.

Wenn zum Beispiel der Herrscher des ersten Haues eine Konjunktion mit dem Herrscher des achten bildet, zeigen sie einen vorzeitigen Tod an. Dabei zeigen ein partiler und applikativer Aspekt die gleiche Wirkung. Auch das Haus, in dem sie die Konjunktion bilden, muss berücksichtigt werden, denn wenn sie im zwölften zusammenkommen, ist der Tod durch Krankheit, Gefängnis oder Exil angezeigt.

Wenn sie sich im siebten Haus befänden, würde der Tod durch einen Konflikt, eine Schlacht, einen Rechtsstreit oder durch Räuber erfolgen. Er geschieht wahrscheinlich in Übereinstimmung mit der Art und Weise, wie der Herrscher der aspektierenden Planeten oder die Aspekte anderer Planeten auf sie einwirken. Handelt es sich dabei um einen separativen Aspekt, werden die auftretenden Gefahren vermieden.

Schließlich muss betrachtet werden, in welcher Art ein Planet auf einen anderen zuläuft, denn wenn der Herrscher des ersten auf den Herrscher des achten trifft, kann den Geborenen durch eigene Schuld ein früher Tod ereilen. – Ähnliches gilt für die anderen Planeten und Aspekte.

Darüber hinaus wird aus allem Gesagten klar, wie man die Angelegenheiten eines bestimmten Hauses beurteilen kann: anhand der Natur des Zeichens, das dieses Haus besetzt sowie der himmlischen und irdischen Stellung der Planeten, die dieses Haus betreffen. Dazu gehören ihre Aspekte sowie die Würden des Domizils, der Erhöhung und der Triplizität.

Dadurch eröffnet sich das weite Feld der Vorhersagen. Wenn der menschliche Einfallsreichtum so weit verfeinert werden könnte, dass er der Aufgabe entsprechen würde, könnte man selbst die kleinsten Ereignisse vorhersagen, die das Schicksal auf Lager hat. Da aber der menschliche Intellekt schwach ist, erfasst er nur die offensichtlichen Situationen und muss sich ansonsten irren.

2.12 Zusammenfassung: Die genaue Bewertung eines Planeten und seiner Aspekte

Die folgenden Punkte bringen alles zusammen, was in den vorhergehenden Kapiteln dieses Buches angegeben wurde.

Erstens: Bei der Bewertung eines Planeten muss zunächst seine Natur berücksichtigt und geprüft werden, ob er wohltätig oder bösartig ist, denn von Wohltätern ist mehr zu erhoffen und weniger zu befürchten, während bei Übeltätern das Gegenteil der Fall ist. Das gilt jedenfalls, wenn alle anderen Dinge gleich sind.

Zweitens: Beachten Sie, ob sich der Planet in seinem Domizil befindet oder nicht. In seinem Domizil ist sein Wirken zumindest in dieser Hinsicht uneingeschränkt und unabhängig von jedem anderen Planeten. Wenn er mit einem anderen Planeten in Konjunktion steht, hängt seine Wirkung vom anderen ab wie von einem Partner, dessen Natur sich von der eigenen unterscheidet.

Wenn sich ein Planet nicht in seinem Domizil befindet, sollte man zuerst herausfinden, welcher Planet über ihn herrscht und ob dieser Planet ein Wohltäter oder ein Übeltäter ist.

Finden Sie dann heraus, in welchem Haus oder Zeichen der Planet durch Erhöhung oder Triplizität Würden hat, in welchem Haus sein Einfluss durch Exil oder Fall ungünstig ist und in welchem Haus er peregrin ist[20].

Wenn er erhöht ist, wird er stark und ohne Verzögerung in den Angelegenheiten handeln, über die er Kontrolle hat.

Wenn er im Exil oder im Fall steht, schenkt er nichts Gutes oder wird so tun, als wäre er beeinträchtigt. Er könnte sogar eine Katastrophe bringen.

Wenn er peregrin steht, ist sein Einfluss geschwächt.

Drittens: Beobachten Sie, ob er direkt, rückläufig oder stationär ist, sich schnell, langsam oder in durchschnittlichem Tempo bewegt. Diese Unterschiede beeinflussen seine Wirkung und Bedeutung in der Art seiner Analogien. Der Planet wird dadurch gestärkt oder geschwächt.

Viertens: Beobachten Sie, wenn in einem Tageshoroskop eine Planetenstellung östlich zur Sonne und damit vor ihr über dem Horizont aufgeht und westlich vom Mond.

Diese Morgenstellung ist wirksamer und bringt deutlichere Ergebnisse hervor als ein Planet in entgegengesetzter, westlicher Stellung. Dort ist seine Wirkung schwächer und unklarer.

Fünftens: Beachten Sie seine Aspekte zu anderen Planeten. Wenn

---

[20] In Anhang finden Sie eine vollständige Tabelle der Würden.

ein starker Planet keinen Aspekt mit einem anderen Planeten hat, wird er *feral oder wild* genannt. Er handelt dann nur in Übereinstimmung mit seiner eigenen Natur, insbesondere, wenn er sich dabei in seinem Domizil befindet. Jeder ferale oder wilde das heißt, unaspektierte Planet zeigt etwas Ungewöhnliches an, ob zum Guten oder Schlechten hängt von der Natur des Planeten selbst ab.

Ein feraler, wilder Saturn im ersten Haus zeigt zum Beispiel einen Einsiedler oder Mönch an.

Wenn ein ursprünglich feraler Planet einen anderen durch eine Direktion aspektiert, prüfen Sie, ob dieser stark, schwach oder von mittlerer Stärke, in einer Würde, Behinderung oder nur peregrin ist. Wenn er stark ist, folgt eine deutliche Wirkung, wenn er schwach ist, eine unklare und bei einer mittleren Stärke eine mittlere. Seine gute oder schlechte Wirkung und seine Möglichkeiten oder Schwierigkeiten stimmen mit der Natur des Aspekts überein.[21]

Wenn ein Planet durch seine Himmelsstellung im Exil, Fall oder peregrin schwach ist und feral steht, deutet dies auf weniger Ungewöhnliches hin.

Aspektiert er einen anderen Planeten, muss man bestimmen, ob dieser schwach, stark oder von mittlerer Stärke ist. Wenn der andere Planet stark steht, wird es am Anfang kaum eine Wirkung geben, aber später wird dieser zweite Planet aushelfen. Am Anfang können sich auch Schwierigkeiten und Hindernisse ergeben, die am Ende verschwinden, und das Böse wird sich zum Guten wandeln. Dabei wird der Arbeit die Belohnung folgen, dem Konflikt der Sieg und der Krankheit die Erholung.

Dies gilt jedoch nur für einen guten Aspekt. Ist er schädlich, wird nichts Gutes angezeigt oder es ist mit Schwierigkeiten behaftet. Wenn er schwach ist, deutet er auf Schlechtes oder auf Verlust des Guten hin, je nach Ausmaß der Schwäche. Wenn es sich um Mittelmaß handelt, wird sich fast keine Wirkung ergeben, mindestens ist nichts dabei zu erhoffen.

---

21 Die Aspektierungen beziehen sich hier wie im nächsten Abschnitt wohl auf solche, die sich bei Direktionen ergeben.

Sechstens: Beachten Sie, ob ein Planet, der nicht in seinem Domizil steht, einen Aspekt zu seinem Herrscher bildet. Notieren Sie in diesem Fall den Aspekt und Zustand der Planeten. Die Wirkung eines Planeten hängt stark von seinem Herrscher ab. Zusammen haben beide eine stärkere Wirkung, insbesondere wenn der Aspekt ebenfalls stark und angemessen ist.

Befindet sich der Planet in einer ungünstigen himmlischen oder irdischen Stellung oder in beidem, während sich sein Herrscher in einem guten Zustand befindet, werden zunächst Unglücksfälle angezeigt, die jedoch glücklich ausgehen. Das gilt besonders, wenn sich der Planet in einem günstigen Aspekt zu seinem Herrscher und in Bezug zu seiner Anwendung befindet.

Ist der Planet in einer guten und sein Herrscher in einer ungünstigen Stellung, wird das Gute in das Böse verwandelt, alle Hoffnung ist dann zwecklos.

Beide Planeten in einer günstigen Stellung ist die beste Möglichkeit von allen. Befindet sich einer der Planeten in einem glücklichen Haus, werden die guten Dinge dieses Hauses eintreten. Steht er in einem unglücklichen Haus, wird das Schlechte des Hauses verhindert oder gemildert.

Sind schließlich beide negativ betroffen, ist dies die schlimmste Möglichkeit von allen. Entweder verursacht der Planet im unglücklichen Haus die Schwierigkeiten des Hauses oder wenn er sich in einem glücklichen Haus befindet, behindert oder verhindert er das Wohl des Hauses.

Siebtens: Beachten Sie, mit welchem Fixstern der Planet in Konjunktion steht oder mit welchem er aufsteigt, kulminiert oder untergeht. Die hellsten Sterne erzeugen wichtige und unerwartete Wirkungen, wie die Erfahrung häufig zeigt.

Achtens: Beachten Sie, worauf sich der Planet durch seine akzidentielle Determination, das heißt durch seine Häuserstellung, Häuserherrschaft und Aspekte bezieht. Wenn er von einem anderen Planeten regiert wird, muss man dasselbe für seinen Herrscher beachten.

Wenn sich wohltätige Planeten auf Gutes beziehen, ist dies

immer ein vorteilhafter Hinweis. Bezieht sich zum Beispiel Jupiter auf die Finanzen, Venus auf die Ehe oder Kinder oder steht ein Planet, der den Charakter, das Ansehen und den Beruf betrifft, günstig, werden sie durch eine günstigen Himmelsstellung, das heißt Zeichen, verstärkt.

Wenn sich die Determinationen der Wohltäter jedoch auf ungünstige Dinge beziehen, ist dies weniger nachteilig, weil sie den Geborenen vom Bösen befreien oder es zumindest abschwächen.

Wenn sich die Übeltäter Mars und Saturn auf etwas Gutes beziehen, ist dies ungünstig, es sei denn, sie befinden sich in einem guten Tierkreiszeichen. Wenn sie jedoch zu Sonne, Mond, dem Aszendenten, dem MC oder ihren Herrschern ein Quadrat oder eine Opposition bilden, verursachen sie immer Schlechtes.

Selbst wenn sie mit Wohltätern verbunden sind, verlieren sie nie vollständig ihre Bösartigkeit, wie sich in meinem eigenen Horoskop zeigt, in dem Mars mit Jupiter ein Trigon bildet, wobei Letzterer jedoch mit Saturn in Konjunktion steht. Dennoch habe ich unter Saturn und Mars gelitten und leide immer noch unter reichlichen Übeln. Wenn sich die Bestimmungen dieser Planeten auf Schlechtes beziehen wie Krankheit, Gefängnis, Rechtsstreitigkeiten und Tod, ist dies sehr ungünstig. Noch schlimmer wird es, wenn sie sich ebenfalls in einer ungünstigen Zeichenstellung befinden.

Sonne und Mond in glücklichen Häusern verursachen Gutes besonders in günstiger Stellung und mit guten Aspekten.

In unglücklichen Häusern verursachen sie Unglückliches, besonders wenn sie sich in ungünstiger Himmelsstellung und in schlechten Aspekten befinden. Darüber hinaus beziehen sich die Determinationen eines Planeten gleichzeitig auf Verschiedenes, das heißt, nach ihrer Häuserstellung auf eine Sache, nach ihrer Herrschaft auf etwas anderes und nach den Aspekten auf noch etwas anderem.

Obwohl die Determination durch die Häuserstellung normalerweise am stärksten ist, kann es vorkommen, dass die Determination durch Herrschaft oder Aspekt stärker ist. Das gilt zum Beispiel, wenn von einem Planeten ein Aspekt in ein Haus oder Zeichen fällt, das eine Analogie zum Herrscher seines Hauses aufweist oder zum

Planeten, der am Aspekt beteiligt ist, ohne dass dieser Planet eine Analogie zu dem Haus hat, das er tatsächlich besetzt.

Derselbe Planet kann sich jedoch durch seine Determinationen auf unterschiedliche Weise auf die gleiche oder ähnliche Wirkung beziehen. Wenn dies geschieht, ist die Auswirkung sicher und stärker, als wenn es nur eine Determination gäbe. Wenn sich ein Planet, der außerhalb seines Domizils steht, aufgrund seiner Natur und der Bestimmung des Hauses oder seiner eigenen Herrschaft zu seinem Hausherrscher gleichartig verhält, ergibt sich außerdem eine auffällige Wirkung. Das gilt besonders, wenn sich die Planeten in einer zur Wirkung passenden Weise aspektieren. Ein Beispiel dazu wäre, wenn ein Wohltäter im zweiten Haus ein Trigon zu dessen wohltätigem Herrscher im zehnten Haus senden würde.

In einem anderen Beispiel wären schädliche Planeten im zwölften Haus und ihr Herrscher, ebenfalls Übeltäter, im sechsten oder achten Haus, zusätzlich würden sie diesen durch ein Quadrat oder eine Opposition angreifen. Wie schon erwähnt handelt ein Planet nur in Übereinstimmung mit seiner eigenen Natur, seiner Himmelsstellung und akzidentiellen Determination im Horoskop.

Planeten im ersten oder zehnten Haus und ihre Herrscher sind von größter Bedeutung, deshalb sollten ihre essentielle und akzidentielle Determination im Horoskop gut beachtet werden.

Diese Planeten in einer ungünstigen Himmelsstellung sind schlecht für die Angelegenheiten dieser Häuser, insbesondere wenn andere Planeten in einer ebenfalls ungünstigen Himmelsstellung durch Aspekte schlechte Einflüsse übertragen. Werden diese durch gute Aspekte zu Planeten in einer günstigen Stellung übertragen, entsteht aus dem Bösen letztendlich Gutes.

Noch ungünstiger ist es, wenn die Planeten zusätzlich und eindeutig auf böse Dinge verweisen. Das trifft zu, wenn der Herrscher des ersten Hauses im zwölften oder achten Haus und umgekehrt steht oder wenn der Herrscher des ersten und zwölften oder des ersten und achten Hauses derselbe Planet ist. In ähnlicher Weise ist ein Planet im zehnten und sein Herrscher zu beurteilen.

Ob ein Horoskop glücklich oder unglücklich ist, kann man zu

Beginn alleine aus der Betrachtung der Planeten im ersten oder zehnten Haus und ihren Herrschern beurteilen. Selbstverständlich kann man jedes Haus nach dem gleichen Verfahren beurteilen.

Neuntens: Beachten Sie, ob sich der Planet in einem Haus befindet, das eine gewisse Analogie zu seiner Natur hat. Wenn das zutrifft, stimmt auch seine Wirkung im Wesentlichen mit der Eigenart des Hauses überein.

Jupiter im zweiten Haus bringt Geld, die Sonne im zehnten Haus Anerkennung, Ehre und Prestige. Im ersten Haus verspricht sie Bekanntheit und Berühmtheit.

Saturn bringt im zwölften Haus schwere Krankheiten, Gefängnis, Knechtschaft und verborgene Feinde.

Mars bringt im siebten Haus Feinde, Rechtsstreitigkeiten, Konflikte.

Venus bringt im siebten Haus einen Ehepartner und im fünften Haus Kinder.

Dies sind lediglich Hinweise, denn je nach Zeichen, Herrscher und Aspekten kann das Gegenteil eintreten. Planeten in Häusern, die ihrer Natur nicht analog sind, verhindern und unterdrücken oder bringen die üblichen Erscheinungsformen der Angelegenheiten dieses Hauses zu Fall.

Deshalb verhindert die Venus im zwölften Haus entsprechend ihrer Natur Krankheiten, während Saturn im zehnten Haus hohes Ansehen und Ehre verhindert. Ich sage »entsprechend ihrer Natur«, denn wenn die Venus im zwölften Haus in einer ungünstigen himmlischen Stellung wäre, würde sie Krankheiten hervorrufen, während Saturn im zehnten Haus in einer guten himmlischen Stellung Ansehen, Ehre und Prestige verursacht.

Beachten Sie, ob sich ein Planet in einem Eckhaus, einem nachfolgenden oder fallenden Haus befindet. Planeten an den Achsen sprechen für kontinuierliche Wirkungen, besonders wenn sie in fixen Zeichen stehen. In Kardinal Richelieus Horoskop zeigen dies Mars und Venus in fixen Zeichen im ersten und zehnten Haus deutlich an. Deshalb war er immer kriegslustig und bis zu seinem Tod ununterbrochen im Besitz der Macht.

In fallenden Häusern und beweglichen Zeichen sprechen die Planeten für instabile Dinge. In den mittleren Häusern sind die Wirkungen von mittlerer Stärke. Im Zusammenhang mit den Aspekten sind jeweils sieben Dinge zu beachten:

1. die Natur des Planeten,
2. seine Himmelsstellung,
3. sein Bezug zur Häuserstellung und -herrschaft,
4. die Natur seiner Aspekte,
5. das Zeichen, in das der Aspekt fällt und der Planet, der dieses Zeichen regiert,
6. das Haus,
7. die Umstände vor und nach dem Aspekt.

In gleichem Maß, wie diese sieben Faktoren variieren, unterscheiden sich ihre Resultate. Ebenso sind folgende sieben Zustände der Planeten in Bezug auf die Häuser und Häuserherrscher zu berücksichtigen. Für das Beherrschen der astrologischen Geheimnisse sind diese Punkte sehr wichtig:

1. Ein Planet ist im ersten Haus und in starker Zeichenstellung durch Aspekte mit einem Wohltäter oder starken Planeten verbunden: Dadurch hat er in Übereinstimmung mit seiner Natur und Stellung großen Einfluss auf die Bedeutung des Hauses. Das Temperament, der Charakter und die Anlagen des Geborenen werden durch diesen Planeten klar und dauerhaft dargestellt.

2. Ein Planet, der im ersten Haus schwach steht und den ein Aspekt mit seinem Herrscher oder dem Aszendentenherrscher verbindet, hat einen geringeren Einfluss. Dieser hängt von der Schwäche des Planeten im ersten Haus ab sowie von der Stellung des aspektierenden Planeten und der Qualität des Aspekts.

3. Ein Planet, der im ersten Haus schwach und ohne einen Aspekt zu seinem Herrscher oder dem Aszendentenherrscher steht, hat von allen den schwächsten Einfluss auf das erste Haus und dessen Bedeutung.

4. Ein Planet, der außerhalb des ersten Hauses in einem anderen Haus stark steht und der einen Aspekt mit einem Planeten im ersten

oder Haus mit dem Aszendenten bildet, verbindet den Charakter, das Temperament und das Wohlbefinden des Geborenen mit den Angelegenheiten des anderen Hauses. Das gilt insbesondere, wenn dieser Planet der Herrscher des ersten Hauses ist.

5. Ein Planet, der nicht im ersten Haus steht, mit keinem Planeten im ersten Haus und nicht mit dem Aszendenten in Beziehung steht, kann keine Brücke zwischen den Angelegenheiten der beiden Häuser bilden.

6. Befindet sich ein geschwächter Planet außerhalb des ersten Hauses und ist mit dem Herrscher des ersten Hauses durch Herrschaft und Aspekt verbunden oder bildet einen Aspekt mit dem Aszendenten, hat dies einen schwächenden Einfluss auf die Angelegenheiten des ersten Hauses.

7. Ist ein solcher Planet nicht auf diese Weise mit dem Herrscher des ersten Hauses oder dem Aszendenten verbunden, hat er keinen Einfluss auf die Angelegenheiten des ersten Hauses. Eine entfernte Ausnahme wäre vielleicht eine Schwächung durch die Verbindung mit einem Planeten im Exil oder Fall im ersten Haus.

Was hier in Bezug auf das erste Haus angegeben ist, sollte so verstanden werden, dass es sich ähnlich auf alle anderen Häuser bezieht. Fällen Sie daher niemals ein Urteil über die Ehe, bevor Sie beispielsweise die Planeten im siebten Haus, den Herrscher des siebten, den Herrscher dieses Herrschers, die Planeten und Aspekte zur Häuserspitze des siebten oder zu seinem Herrscher beachtet haben. Wichtig ist auch, wie diese Planeten durch die Herrschaft oder Aspekte zu Planeten, die einem männlichen oder weiblichen Ehepartner entsprechen, miteinander zusammenhängen. Ähnliches gilt für die anderen Häuser und Planeten.

Teil 3

Die Wechselwirkung zwischen Geburtshoroskopen und Gottes Wirken in der Welt

3.1 Die akzidentielle Determination der Planeten, ihre Beziehungen zu den Hauptsignifikatoren und Planeten in einem anderen Horoskop

Der 47. Aphorismus in Ptolemäus CENTILOQIUM ist die Grundlage dessen, was in diesem Kapitel behandelt wird. Er lautet:

> Steht bei einer Nativität ein Übeltäter in Konjunktion mit dem Wohltäter einer anderen, so wird der Besitzer der zweiten Nativität Schaden durch den ersten erleiden.

Dieses Urteil sollte man als eine allgemeine Aussage verstehen. Würde der Aphorismus wörtlich genommen, wäre es bei solchen Kombinationen ausgeschlossen, dass das größte Glück oder Unglück in Bezug auf den Charakter, die Verhältnisse, den Beruf usw., welche die zwei Personen betreffen, auftreten können. Aus diesem Grund bestehe ich darauf, dass diese Determinationen sowohl die Zeichen als auch die Planeten betreffen.

Wenn sich das Zeichen des ersten Hauses eines Horoskops ebenfalls im ersten Haus eines anderen Horoskops befindet, hat jeder Geborene denselben Aszendenten und Aszendenten-Herrscher. Die Herrscher könnten entweder die gleiche himmlische Stellung im Zeichen oder irdische Stellung im Haus haben oder nicht. Wenn sie sich in der gleichen himmlischen und irdischen Stellung befinden, was sehr selten ist, besteht eine maximale Übereinstimmung zwischen den beiden Geborenen in Bezug auf die Angelegenheiten des ersten Hauses sowie auf das Haus, in dem sich die Herrscher befinden.

Wenn ihr Zustand nicht der gleiche ist, sind die Bedeutungen der ersten Häuser mit denen der Häuser zu kombinieren, in denen sich die beiden Herrscher unter Berücksichtigung ihrer himmlischen Stellung befinden. Nur so kann man für jeden Geborenen die zu erwartenden Eigenschaften und Angelegenheiten beurteilen.

Wenn das Zeichen des zweiten, dritten, vierten, fünften Hauses usw. des ersten Geburtshoroskops in das erste Haus des zweiten

Horoskops fällt, hat jeder Geborene das gleiche Zeichen und den gleichen Herrscher für diese beiden Häuser. Dabei fiele zum Beispiel das zweite Haus des ersten Geburtshoroskops mit seinem Zeichen in das erste Haus des zweiten Horoskops. Die himmlischen und irdischen Stellungen dieses Herrschers könnten entweder die gleichen sein oder nicht.

Wenn Ersteres der Fall ist, wird die Kombination der Angelegenheiten dieses zweiten, dritten oder vierten Hauses des ersteren Geburtshoroskops mit der Bedeutung des ersten Hauses im zweiten Horoskop stark spürbar sein.

Wenn ihre Stellungen nicht gleich sind, müssen die Angelegenheiten des zweiten, dritten oder vierten Hauses des ersteren Geburtshoroskops mit der Bedeutung des ersten Hauses des anderen Horoskops kombiniert werden. Dabei muss man die verschiedenen Häuser berücksichtigen, in denen sich der jeweilige Herrscher befindet. Gleiches gilt für ihre Himmelsstellung oder Zeichen in jedem Horoskop.

Was ich für das Zeichen des zweiten, dritten, vierten Hauses usw. eines Geburtshoroskop im ersten Haus eines anderen Horoskops sage, ist in gleicher Weise anwendbar auf das Zeichen des zweiten, dritten, vierten Hauses usw. des ersteren Geburtshoroskops im zweiten, dritten, vierten usw. Haus des letzteren Horoskops.

Die Planetenkombinationen sind auf zwei Arten zu betrachten:

Erstens können sich die Planeten eines Geburtshoroskops an den Häuserspitzen oder in den Häusern des anderen Horoskops befinden. Wenn sie am Aszendenten oder MC stehen, muss man dies besonders beachten.

Zweitens können sich die Planeten des einen Geburtshoroskops in Konjunktion mit Planetenpositionen des anderen Horoskops befinden.

Steht ein Planet eines Geburtshoroskops am Aszendenten eines anderen, muss zunächst die Determination des Planeten durch das Haus, das er im Ausgangshoroskop einnimmt, sowie seine Natur und Himmelsstellung berücksichtigt werden.

In Übereinstimmung mit diesen drei Faktoren wirkt er sich auf den Charakter, die Veranlagung und das körperliche Wohlbefinden des Geborenen des anderen Horoskops aus. Wenn sich also ein Aszendentenherrscher oder Planet im ersten Haus des Ausgangshoroskops befindet, d.h. sich auf die Angelegenheiten des ersten Hauses bezieht, besteht zwischen den Geborenen eine beträchtliche Ähnlichkeit bezüglich des Charakters, des Temperaments und der Lebenseinstellung. Der Grund liegt darin, dass sie in jedem Horoskop durch dasselbe Zeichen und denselben Planeten verursacht werden.

Wenn der AC-Herrscher oder Ersthausplanet im Ausgangshoroskop einen Bezug zu Geld oder Angelegenheiten des zweiten Hauses des anderen hat, wird der Geborene in irgendeiner Weise eine Geldquelle für den anderen sein oder Geld von ihm erhalten.

Wenn sich der AC-Herrscher oder Ersthausplanet des anderen auf die Angelegenheiten des dritten Hauses im Horoskop des Geborenen bezieht, wird Letzterer durch einen Verwandten, auf einer Reise oder durch die Religion mit dem anderen in Kontakt gebracht. Der AC-Herrscher oder Planet im ersten Haus des anderen steht dann im dritten Haus des ersten oder eigenen Horoskops.

Wenn sich der AC-Herrscher oder Ersthausplanet des anderen auf die Bedeutung des siebten Hauses im Horoskop des Geborenen bezieht, geht es um Ehe oder Rechtsstreitigkeiten. Bei Personen des gleichen Geschlechts werden sie in gemeinsame Unternehmen, Rechtsstreitigkeiten und Verträge involviert sein. Bei unterschiedlichem Geschlecht sind die Partner durch die Ehe, Rechtsstreitigkeiten, Verträge oder geschäftliche Beziehungen miteinander verbunden.

Wenn sich der AC-Herrscher oder Ersthausplanet des anderen auf die Angelegenheiten des achten Hauses im Horoskop des Geborenen bezieht, hat Letzterer den Signifikator seines eigenen Todes im alles entscheidenden ersten Haus des anderen: Hüten Sie sich vor der letztgenannten Todesgefahr.

Wenn sich der AC-Herrscher oder Ersthausplanet des anderen auf die Angelegenheiten des zehnten Hauses im Horoskop des Geborenen bezieht, wird Letzterer in seinem Beruf und seiner Position vom anderen abhängig sein oder von ihm benutzt oder von ihm in diesen Angelegenheiten untergeben sein. Die Frage ist also: In welchem Haus des Geborenen steht der alles entscheidende AC-Herrscher oder Ersthausplanet des anderen? Von diesem wird der Geborene in Belangen des Hauses maßgeblich beeinflusst oder er ist von diesem abhängig.

Wenn sich ein Zweithausplanet des einen Horoskops im siebten des anderen befindet, müssen die Bedeutungen dieser Häuser kombiniert werden und die Geborenen beeinflussen sich entsprechend. Die gleiche Argumentation ist auch für die anderen Häuser zu verwenden.

Wenn ein Planet des einen Horoskops in Konjunktion mit einem Planeten in einem anderen Horoskop gefunden wird, notieren Sie immer zuerst die Determination jedes Planeten in jedem Horoskop in Bezug auf das Haus. Danach bestimmen Sie die Natur und himmlische Stellung eines jeden und ob sie wohltätig oder bösartig, schwach oder stark ist. Aus diesen Faktoren wird die Beurteilung durch das oben gezeigte Kombinationsverfahren vorgenommen. Der ganze Trick des Urteils liegt darin, was als Kombinationen möglich und angemessen ist, sowie darin, ihre Auswirkungen zu interpretieren.

Die Vorhersage, wie sich die Kombinationen auswirken, ist für die Engel aufgrund ihrer Intuition und ihres strahlenden Intellekts, der kaum behindert wird, in der Tat einfach. Für die Menschen ist das Gegenteil der Fall. Sie finden es schwierig und sogar unmöglich, dabei keine Fehler zu machen. Ich werde hier jedoch wahrhaftig darstellen, wie die Fähigkeiten dazu erworben werden sollen: Studieren und üben Sie, bis Sie perfekt sind, damit Sie für zwei beliebige Horoskope vorhersagen können, ob die Geborenen zusammenpassen oder nicht und warum.

Die Planeten eines Horoskops können über Aspekte mit den Planeten und Signifikatoren eines anderen Horoskops kombiniert werden. Dabei ist ebenfalls zu beachten, ob sie guter oder schädlicher Natur sind.

Schließlich glaube ich nicht, dass es bei diesen Kombinationen wichtig ist, welcher der beiden Geborenen älter ist. Was auch immer die Kombination für den Geborenen anzeigt, es wird ihm trotzdem geschehen, ob das Horoskop dabei eine jüngere oder eine ältere Person vertritt.

Es sollte nun klar sein, dass diese Methode in der Anwendung umfangreicher ist als die des 47. Aphorismus des CENTILOQUIUM und dass dieser Aphorismus sogar häufig falsch sein kann. Wenn eine Person im ersten Haus Saturn im Wassermann und eine andere Person den Jupiter im selben Grad auch im ersten Haus hätte, wäre diese Kombination der Angelegenheiten des ersten Hauses für beide Geborenen angenehm und glücklich. Letztere Person würde durch die Klugheit, den Rat, die Ernsthaftigkeit und Autorität des Ersteren wesentlich mehr unterstützt als geschädigt.

3.2 Die Wechselwirkungen zwischen zwei Geburtshoroskopen

In diesem Kapitel wird nicht die Frage behandelt, ob es möglich ist, die Eltern, den Ehepartner, die Kinder usw. des Geborenen anhand des Geburtshoroskops zu beurteilen, wie es jeder Astrologe seit Ptolemäus getan hat. Stattdessen werden wir die Beziehung zwischen dieser Möglichkeit und ihrer Bedeutung für die anderen beteiligten Menschen betrachten.

In einem Geburtshoroskop ergibt sich die essentielle Bedeutung eines Hauses aus der akzidentiellen Stellung. Sie betrifft nur den Geborenen und keine andere Person. Deshalb steht das erste Haus nur für die physische Konstitution, den Charakter, die Lebenseinstellung und das Temperament des Geborenen, sonst für niemand anderen.

Die Bedeutung des zwölften Hauses besteht aus den Krankheiten des Geborenen und nicht aus denen eines anderen. Die Bedeutung des achten Hauses ist der eigene Tod und nicht der eines anderen und dasselbe gilt für die restlichen Häuser. Daher ist ein Planet, Zeichen oder Aspekt in einem Haus nur für den Geborenen von essentieller Bedeutung und betrifft nur ihn. Ein Planet im siebten Haus ist nur für die eigene Ehe, für Rechtsstreitigkeiten und die eigenen Feinde bedeutsam, nicht für die einer anderen Person.

Daher irrten sich die Alten, als sie diese Tatsache nicht beachteten und beim achten Haus über den Tod der Eltern, des Ehepartners, der Kinder, der Diener sowie der Freunde und Feinde des Geborenen urteilten. Sie behaupteten zum Beispiel, wenn der Herrscher des fünften im achten Haus oder die Herrscher dieser beiden Häuser im Quadrat oder in Opposition zueinander stünden, würde dies den Tod der Kinder bedeuten.

Wenn der Herrscher des achten Hauses mit dem Herrscher des siebten verbunden wäre, würde der Tod des Ehegatten angezeigt. Wenn der Herrscher des achten Hauses mit dem vierten verbunden wäre, würde dies den Tod der Eltern anzeigen. Wenn der Herrscher des fünften im zehnten wäre, würden das Ansehen und die Stellung der Kinder angezeigt oder wenn der Herrscher des dritten Hauses im zehnten wäre, dasselbe für die Geschwister. Das achte und zehnte Haus beziehen sich jedoch aus den oben genannten Gründen nur auf den Tod oder das Ansehen des Geborenen und nicht auf eine andere Person.

Es kann der Einwand erhoben werden, dass der Raum des achten Hauses an einem bestimmten geografischen Punkt das gemeinsame oder universelle Haus des Todes für die Menschen sei, die an diesem geografischen Punkt leben. Dies gelte, wie es durch die universellen Horoskope für die jährliche Wiederkehr der Sonnenumläufe für die ganze Welt festgelegt sei. Ähnliches gelte ebenso für Finsternisse und Lunationen usw.

Wenn beispielsweise eine Eklipse im achten Haus auftritt oder sich ihr Herrscher darin befindet, würde dies für diese Region Sterblichkeit durch Hunger, Plagen oder Kriege anzeigen. Wenn die Eklipse im siebten wäre, würde es Kriege bedeuten. Daher würde vom Herrscher des dritten Hauses im achten im Geburtshoroskop der Tod der Geschwister angezeigt und so weiter.

Ich würde antworten, dass sich die universellen Horoskope von den individuellen unterscheiden. Bei Letzteren wird für den

Geburtsmoment eine bestimmte Wirkung festgehalten, die nur für diesen Menschen und dessen Erfahrungen durch das gesamte Caelum der Primärhäuser oder Tierkreiszeichen bedingt ist.

Die universellen Horoskope werden jedoch für den Moment einer universellen Ursache wie einer Lunation und Sonnenfinsternis erstellt. Diese Ursache wirkt universell und ohne spezielle Differenzierung in Abhängigkeit von der Region, für die das Horoskop berechnet wird.

Wenn eine Sonnenfinsternis oder ihr Herrscher im achten Haus wäre, würde die Sterblichkeit durch Hungersnot, Pest oder Krieg wirklich angezeigt, abhängig von der Natur und dem Zustand der Planeten. Dies gelte aber universell, wahllos und aufgrund dieses Hauses nicht mehr für eine bestimmte Person, zumindest nicht allein.

Im Horoskop eines bestimmten Individuums wirkt der Herrscher des dritten Hauses im achten durch die Determinationen der Tierkreisabschnitte auf den Geborenen ein. Das bedeutet, im achten Haus wirkt in diesem Fall der Herrscher von drei auf den Tod des Geborenen ein oder hat Einfluss darauf. Weil es der Herrscher des dritten ist, wirkt sein Einfluss durch die Geschwister des Geborenen. Da der Herrscher des dritten im achten Haus ist, werden die beiden Überlegungen mit dem Ergebnis kombiniert, sodass der Planet den Geborenen gleichzeitig durch die Bedeutung von »Tod« und »Geschwistern« beeinflusst.

Andernfalls würde der Geborene nicht von den Herrschern der Häuser beeinflusst, was der Erfahrung widerspricht. Wenn der Herrscher des dritten Hauses im achten ist, wird daher der Tod nicht für die Geschwister angezeigt, sondern für den Geborenen durch seine Geschwister oder sie sind die Ursache. Gleiches gilt für die anderen Häuser.

Die Bedeutungen der Häuser, der Zeichen und Planeten im Horoskop beziehen sich in erster Linie auf den Geborenen selbst.

Wenn sich das achte Haus gleichermaßen auf den Tod des Geborenen, der Eltern, des Ehepartners, der Kinder usw. bezöge, würde man dem Haus im Horoskop eines bestimmten Individuums eine universelle Bedeutung zuweisen. Das wäre eine Absurdität, denn aus dem gleichen Grund müssten die Bedeutungen für das erste Haus – die physische Konstitution, der Charakter und das Temperament – nicht nur für den Geborenen selbst, sondern auch die für seine Eltern, die des Ehepartners, seiner Kinder usw. sein.

Das Gleiche müsste auf die anderen Häuser zutreffen. Das würde in der Astrologie die größte Verwirrung hervorrufen und der Erfahrung völlig widersprechen.

Da es aber wahr ist, dass aus dem Horoskop des Geborenen viele Dinge angezeigt werden, die den Eltern, der Frau, den Geschwistern, den Kindern usw. geschehen, kann zu Recht gefragt werden, durch welche himmlische Ursache diese Dinge zustande kommen und von was sie abhängen. Außerdem kann gefragt werden, ob hier nur das eigene Horoskop des Geborenen oder die Horoskope der anderen oder etwas, das beiden gemeinsam ist, am Werk ist.

Lucio Bellanti behauptet in seinen Schriften gegen Pico Mirandola, dass die Horoskope der Eltern die vorrangige Kraft einer universellen Ursache haben in Bezug auf die Horoskope ihrer Kinder sowie ihrer anderen Nachkommen, weil sie zeitlich älter sind. Er behauptet weiter, dass sie daher die Macht und einen gewissen Einfluss auf diese Horoskope und die zukünftigen Ereignisse im Leben dieser Geborenen hätten, sowie der jährliche Rhythmus der Welt die Lunationen oder Mondmonate bestimme. Außerdem gab er an, einen Adligen kennengelernt zu haben, dessen fünftes Haus, das der Kinder, beschädigt war und dessen Kinder alle eines gewaltsamen Todes starben.

Der Bericht ist vielleicht wahr und plausibel, aber nicht zufriedenstellend. Obwohl das Horoskop des Sohnes aufgrund der zeitlichen Priorität dem des Vaters untergeordnet ist, wie ein individuelles Horoskop den universellen Konstellationen untergeordnet wäre, könnte daraus nicht dasselbe für die Brüder, Verwandten, Ehepartner, Diener, Freunde usw. des Geborenen gesagt werden. Für ihre Horoskope könnte man eine solche Unterordnung oder Abhängigkeit nicht annehmen.

Außerdem widerspricht das von Bellanti angeführte Beispiel seiner eigenen Argumentation. Das Horoskop des Vaters muss die

Horoskope der Kinder in Bezug auf ihren gewaltsamen Tod beeinflusst haben. Es kann aber nicht festgesellt werden, dass die Horoskope der Kinder einen Einfluss auf das Horoskop des Vaters bezüglich ihres eigenen Todes hatten. Dies würde bedeuten, dass das Horoskop des Vaters das betroffene gewesen wäre. Daher muss eine andere Ursache gefunden werden.

Auf Grund des Horoskops des Geborenen kann nicht gesagt werden, dass seine Geschwister oder Gattin vor ihm sterben werden. Zumindest bei einem natürlichen Tod würde mehr von ihrem eigenen Schicksal als unmittelbarer Ursache abhängen, als von einem anderen und entfernteren.

Wenn ein Horoskop darauf hinweist, dass der Geborene vom Gatten, den Dienern oder den Geschwistern getötet wird, geht dieses Ereignis nicht vom Horoskop des Ehepartners, der Diener oder Geschwister aus. Ein solches Ereignis würde sich im Horoskop des Geborenen selbst deutlich zeigen. Daher müssen wir sagen, dass solche Wirkungen durch Ursachen hervorgerufen werden, die mit allen beteiligten Personen übereinstimmen.

Mit anderen Worten, ein solches Ereignis zeigt sich nicht nur in einem bestimmten Horoskop, das sich von allen anderen unterscheidet, sondern in einer Kombination von Horoskopen. Ihre Verbindung ist wechselseitig und bei ihr wirken die Auslöser eines solchen Effekts, dessen inhärente Kräfte das Endereignis erzeugen, zusammen.

Die Kinder des Vaters sterben eines gewaltsamen Todes, da dies nicht nur im Horoskop des Vaters, sondern auch im Horoskop jedes Kindes angezeigt wird. Durch die Übereinstimmung der beiden Aussagen wird das Ergebnis bestätigt.

In ähnlicher Weise könnte jemandem gesagt werden, er würde seine Frau überleben, weil dies nicht nur im Horoskop des Geborenen, sondern auch im Horoskop der Frau angezeigt wird. Zumindest aus dem Vergleich der beiden Horoskope wird klar, dass sie sehr wahrscheinlich vor ihrem Mann sterben wird. Auf die gleiche Weise berücksichtigt man alle anderen Ereignisse oder Erfahrungen, an denen verschiedene Personen beteiligt sind.

Die göttliche Vorsehung ist in der Tat wunderbar, wenn sie in ihrem unbegreiflichen Geheimnis jene Horoskope zusammenbringt, die für alles geeignet sind, was geteilt werden muss. Sie lässt das Leben der Geborenen auf eine Weise zusammenwirken, dass ein Attentäter zur Hand ist, wenn ein Mann dazu bestimmt ist, von Feinden getötet zu werden oder eine geeignete Frau von dem gefunden wird, der dazu bestimmt ist, unglücklich verheiratet zu sein.

Wunderbar sind in einem Horoskop auch die Determinationen der Himmelskörper in Bezug auf die Angelegenheiten der Eltern, Ehepartner, Kinder usw. des Geborenen, obwohl sie seither zu wenig beachtet wurden.

Zum Beispiel zeigt der Herrscher des dritten im zehnten Haus, besonders in nachteiliger und ungünstiger Stellung, den Tod der Geschwister an, weil das zehnte Haus das achte ist, wenn man vom dritten Haus zu zählen beginnt.

Aus demselben Grund sagt in ähnlicher Weise der Herrscher des fünften im zwölften Haus den Tod der Kinder voraus, besonders wenn Saturn oder Mars im zwölften sind. In diesem Fall ist das zwölfte Haus das achte, wenn man vom fünften Haus zu zählen beginnt. Dieses Verfahren wird durch die Tatsache gerechtfertigt, dass das achte Haus vom ersten aus gezählt, den Tod des Geborenen darstellt. Das achte Haus vom fünften aus gezählt, stellt den Tod der Kinder dar.

An anderer Stelle wird mehr darüber gesagt, was aus dem eigenen Horoskop des Geborenen in Bezug auf die Horoskope der Eltern, des Ehepartners usw. abgeleitet werden kann. Nach Ptolemäus und anderen Astrologen der Vergangenheit werden wir dieses Verfahren anhand von Fallbeispielen veranschaulichen.

Die Deutungsanweisungen für die universellen Signifikatoren, die Cardanus »Signifikatoren durch die essentielle Natur« nennt, in denen beispielsweise die Sonne den Vater und der Mond die Mutter darstellt, werden an anderer Stelle untersucht und als gegen die Vernunft und Erfahrung verstoßend widerlegt.

Es könnte eingewendet werden, dass Lucio Bellanti in seinen Schriften gegen Pico Mirandola nicht angibt, dass der Hauptsignifikator des Vaters die Sonne oder der Saturn ist, der für Reichtum Jupiter, der für die geistigen Eigenschaften Merkur und so weiter. Daraus könnte man schließen, dass der Herrscher des vierten Hauses für den Vater genommen werden sollte, der Herrscher des zweiten für Geld, des ersten für die mentalen Qualitäten usw. Daher müsste es erlaubt sein, zumindest einigen Astrologen zuzugestehen, sie hätten sich in dieser Angelegenheit nicht geirrt.

Ich würde antworten, dass Bellanti diese Angelegenheit zwar etwas aufmerksamer untersucht hat als seine Vorgänger, aber dass er bis zu einem gewissen Grad immer noch im Irrtum ist. Bellanti behauptet zum Beispiel, dass es im Horoskop vier Kennzeichen für Vermögen gibt: das Zeichen an der Spitze des zweiten Hauses, der Planet, der von Natur aus eine Analogie zum Reichtum besitzt, das heißt der Jupiter und jeder Planet im zweiten Haus. Dazu gehöre auch der Planet, der über das zweite Haus herrscht.

Hier stimmt er zu Recht mit anderen Astrologen überein. Dennoch führt er weiter aus, dass ein Zeichen aufgrund seiner Unfähigkeit zu handeln nicht der primäre Signifikator sein könnte. Er behauptet, dass die Zeichen eine Art Stoff sind, dem erst die in den Zeichen befindlichen Planeten die Ausrichtung geben. Der primäre Signifikator könnte auch kein Planet sein, der sich tatsächlich in einem solchen Zeichen befindet, da das Zeichen das Exil oder der Fall des Planeten sein könnte, und außerdem ist ein Planet nicht immer im selben Zeichen.

Er ist der Meinung, dass der primäre Signifikator etwas Festes und Dauerhaftes sein sollte und nicht der Planet, der von Natur aus zum Beispiel eine Analogie zum Reichtum besitzt wie der Jupiter.

Er gibt an, dass die Horoskophäuser eine größere Vielfalt bei der Veränderung des Einflusses des Himmelsköpers bewirken als die Zeichen und dass der bedeutendste Ausdruck des stellaren Einflusses durch die Häuser erfolgt. Daher kommt er zu dem Schluss, dass der Herrscher des zweiten Hauses der Hauptsignifikator des Reichtums ist, dann Jupiter und dann jeder Planet, der sich im zweiten Haus befindet oder der einen Aspekt dorthin sendet. Schließlich zählt er auch das Zeichen im zweiten Haus dazu.

Dies ist die Rangfolge ihrer Stärke, wenn alle anderen Faktoren gleich sind. Es kann allerdings vorkommen, dass der erste Rang so geschwächt ist, dass der zweite oder dritte vor ihm bevorzugt wird. Bellantis Theorie ist jedoch in den folgenden Punkten falsch.

Erstens irrt er sich, wenn er behauptet, die Zeichen seien eine Art Material oder Substanz, das heißt, sie sind eher passiv als aktiv. Sie werden durch die Planeten in ihnen geformt und wirksam. Die Zeichen sind jedoch tatsächlich vorhanden und wirken von selbst, wie wir an anderer Stelle festgestellt haben.

Aus dem Zeichen und den in ihm stehenden Planeten sowie durch den Zeichenherrscher ergibt sich eine Kombination von Eigenschaften, die zusammenwirken.

Zweitens liegt er falsch, wenn er einen Planeten im zweiten Haus ablehnt, weil das Zeichen, das er einnimmt, sein Exil oder Fall sein könnte.

Ein Planet im zweiten Haus hat keine Bedeutung für das Geld durch das Zeichen, in dem er sich befindet, sondern durch seine Stellung im Raum des zweiten Hauses. Das führt dazu, dass er einen Einfluss auf die Finanzen hat.

Es ist auch gleichgültig, ob das Zeichen im zweiten Haus Exil oder Fall des Planeten ist, da sich ein Planet im zweiten Haus nur auf die finanziellen Umstände bezieht. In guter himmlischer Stellung bedeutet er den Erwerb von Geld, in einer negativen, dass wenig, gar kein Geld oder die Verschwendung von Ressourcen vorhanden ist.

Darüber hinaus zeigt selbst ein gut gestellter Jupiter nichts Finanzielles an, wenn er sich nicht durch den Standort, Herrscher oder einen starken Aspekt auf Reichtum, Vermögen oder Ähnliches bezieht.

Wir können daraus schließen, dass ein Planet im zweiten Haus als Hauptsignifikator für die Finanzen betrachtet werden sollte.

Wenn Bellanti als Hauptsignifikator der Finanzen den stärksten Planeten auswählt oder denjenigen, der sich in der günstigsten Himmelsstellung befindet, als ob Geld von jedem Planeten angezeigt werden könnte, irrt er sich wie viele andere, denn dies widerspricht eindeutig jeder Erfahrung. Den gleichen Fehler begehen diese Astrologen bei der Auswahl der anderen Signifikatoren, wie zum Beispiel bezüglich der Ehre, Ehe und anderer Themen.

Drittens irrt sich Bellanti, wenn er feststellt, dass die Häuser einen vielfältigeren Planeteneinfluss verursachen als die Zeichen. Es ist falsch, dass die Handlung eines Planeten von Haus zu Haus und nicht von Zeichen zu Zeichen variiert. Das Zeichen und ein sich darin befindlicher Planet wirken als Partner. Ihre Eigenschaften verbinden sich miteinander und wirken für die gesamte sublunare Welt universell. Wenn ein Planet nicht sein Domizil, sondern ein anderes Zeichen durchläuft, wird die qualitative Kraft des Zeichens und des Planeten zusammengeführt, um gemeinsam zu wirken.

Die Häuser alleine haben keine aktive Kraft, sie können der Qualität eines Planeten oder Zeichens nur eine Determination oder Bestimmung verleihen.

Deshalb variiert die Qualität eines Planeten durch die primäre Bewegung vom dritten zum zweiten Haus nicht. Sie bleibt gleich, weil er sich dennoch im gleichen Zeichen aufhält, während seine lokale Determination zu den Finanzen wechselt.

Daher wird der Hauptsignifikator für Geld der Planet im zweiten Haus sein, danach der Herrscher des zweiten, dann das Zeichen im zweiten Haus und als Letztes die Aspekte des zweiten.

Ein Jupiter, der sich außerhalb des zweiten Hauses befindet, ohne Herrschaft oder Erhöhung durch das Zeichen und ohne Aspekte zu einem Planeten, der diese Bedingungen erfüllt, hat normalerweise keinen Einfluss auf den Reichtum des Geborenen. Ich sage »normal«, denn wenn er im siebten Haus in guter Stellung ist, zeigt er akzidentiell Geld durch die Ehe an. Steht er im zehnten Haus, spricht er für Geld durch Ansehen, Beförderungen und den Beruf.

3.3 Die essentiellen Bedeutungen der Häuser durch ihre innere und äußere Determination

Die Primärhäuser oder Tierkreiszeichen determinieren die Himmelskörper aktiv, während die Himmelskörper die essentiellen Bedeutungen der Häuser passiv determinieren. Ferner wird die essentielle Bedeutung eines Hauses auf zwei Arten determiniert: intrinsisch und extrinsisch das heißt, innerlich und äußerlich.

Durch alle Faktoren, die in ein Haus fallen, sei es Zeichen, Planet oder Aspekt, wird es intrinsisch determiniert.

Ein Mars im ersten Haus verleiht zum Beispiel einen kriegerischen Charakter, wie es das Horoskop von Kardinal Richelieu zeigt. Jupiter in eins gibt einen Jupiter-Charakter wie bei Charles de Condron. Das Halbsextil von Merkur zum Aszendenten ergibt wie in meinem eigenen Horoskop einen merkurialen Einschlag.

Eine solche Determination wird als intrinsisch bezeichnet, weil sie von den himmlischen Ursachen herkommt, die *diesem Haus zu eigen* sind. Jede andere Determination, die nicht durch diese Ursachen zustande kommt, erfolgt extrinsisch.

Deshalb besitzt ein Geborener mit einem Jupiter am Aszendenten eine joviale Natur. Es kommt auch vor, dass Jupiter der Aszendentenherrscher ist, der dann eine joviale Natur zeigt, die völlig frei von anderen Elementen oder Einflüssen ist. Steht der Aszendentenherrscher Jupiter im zehnten Haus, hat der Geborene eine joviale Natur und neigt dazu, großes Ansehen auszustrahlen. Jupiter im neunten Haus neigt zur Religiosität sowie zu heiligen und geistlichen Angelegenheiten, Jupiter im fünften zum Vergnügen usw.

Dies bedeutet, dass die essentielle Determination eines Hauses durch die im Haus tatsächlich vorhandenen himmlischen Ursachen beeinflusst und verändert wird.

Extrinsisch geschieht dies durch Ursachen, die *von außerhalb des Hauses kommen.*

Die intrinsische, innerliche Determination erfolgt auf neun unterschiedliche Arten:

1. durch einen Planeten in einem Haus, eigenen Zeichen und in Aspekt zu einem anderen Planeten;
2. durch einen Planeten in einem Haus und eigenen Zeichen, aber ohne Aspekt zu einem anderen Planeten;
3. durch einen Planeten in einem Haus außerhalb seines eigenen Zeichens und mit einem Aspekt zu seinem Herrscher;
4. durch einen Planeten in einem Haus außerhalb seines eigenen Zeichens aber im Aspekt zu einem anderen Planeten, der nicht sein Herrscher ist;
5. durch einen Planeten in einem Haus außerhalb seines eigenen Zeichens ohne einen Aspekt mit einem anderen;
6. durch ein Zeichen in einem Haus und einen Aspekt von seinem Herrscher;
7. durch den Aspekt eines Planeten, der dieses Haus nicht regiert.
8. durch einen Planeten im oppositionellen Haus;
9. durch ein Zeichen im Haus und keinen Aspekt oder Spiegelpunkt dazu.

Auf diese neun Arten wird die Bedeutung eines Hauses in der angegebenen Rangfolge intrinsisch verändert und zwar durch die Natur des Planeten, der entweder dieses Haus einnimmt, regiert oder aspektiert.

Diese Wege können einfach sein, wie oben angegeben, oder komplex, das heißt, wenn sich mehr als ein Planet, ein Zeichen oder ein Aspekt im selben Haus befindet, müssen sie alle einer individuellen Bewertung unterzogen werden.

Die extrinsische, äußerliche Determination erfolgt ebenfalls auf neun Arten:

Erstens, indem der Hausherrscher in einem anderen Haus, aber dennoch im eigenen Zeichen steht und im Aspekt zu einem anderen Planeten.

Zweitens, indem der Hausherrscher in einem anderen Haus und im eigenen Zeichen steht, aber ohne Aspekt zu einem anderen.

Die weiteren Möglichkeiten folgen dem vorangegangenen Schema. Ein Planet, der ein Haus aspektiert, ist auf die gleiche Weise zu beurteilen.

Was bisher über die aktiven Determinationen der Himmelskörper und ihren Einfluss auf die sublunare Welt gesagt wurde, muss als ausreichend angesehen werden. Man sollte nun in der Lage sein, das Gute in den Büchern der alten römischen, griechischen und arabischen Astrologen zu erkennen, welche die Wahrheiten dieser göttlichen Wissenschaft nur durch die von Adam und seinen Nachfolgern überlieferte Tradition erhalten und dann verlassen haben. Sie haben es uns ohne Verständnis der Prinzipien und verwöhnt durch Erfindungen und Absurditäten zusammen mit vielem Wertlosen übergeben. Durch diese Wahrheiten mussten sie gezwungenermaßen erkennen, dass die Planetenpositionen in und die Herrschaften der Planeten über die Horoskophäuser zu auffälligen Wirkungen führen. Sie überdachten jedoch nicht die allgemeinen Ursachen, die nichts anderes als die Determinationen der Himmelskörper sind, wie sie oben ausgeführt und bisher von niemand anderem beschrieben wurden:

Wahrlich, die Himmelskörper handeln nur in Übereinstimmung mit ihrer spezifischen Determination.

3.4 Gottes Wirken in der Welt und Natur durch die Gestirne

Die Handlung und Kraft des Caelum und der Sterne sowie die wundersamen Dinge, die dieses Buch beschreibt, sind durch die Erfahrung bewiesen. In diesem Kapitel zeigen wir als letzte Zusammenfassung, dass keine Ursache Gottes Wirken im geschaffenen Universum und in der Natur umfassender abbildet als die Gestirne durch ihre Kraft und ihren Einfluss.

Es ist zu beachten, dass es in der Natur neben den Himmelskörpern nur vier Elemente gibt. Ihnen entsprechen die drei chemischen Grundsubstanzen Sal, Sulfur und Mercur. Aus ihnen bestehen alle sublunaren, irdischen Objekte: die Meteore, Mineralien, Pflanzen und Tiere. In keiner dieser Substanzen oder Verbindungen findet man jedoch eine Kraft, die mit dem Einfluss der Gestirne zu vergleichen wäre.

Die Macht der Sterne fasziniert den menschlichen Intellekt schon lange, vor allem in diesem Jahrhundert, in dem sie weiten Kreisen verständlicher wurde. Noch immer gibt es in der sublunaren, irdischen Welt nichts Wundersameres als ihr Wirken. Der allwissende und allmächtige Gott hat ihnen als seine Vertreter in der natürlichen Welt seine Eigenart vor allen anderen eingeprägt. Durch sie regiert und regelt er das Schicksal aller natürlichen Wirkungen. Dies lässt uns seinen Willen und sein Handeln verstehen.

Erstens: Gottes Schöpferkraft, die wir Gottes Willen nennen, ist einzigartig und unaussprechlich. Deshalb ist das Primum Caelum und sind die Planeten, die sich uns durch Kraft und Einfluss offenbaren, einzigartig und beinah unaussprechlich.

Zweitens: Wie Gottes Schöpferkraft allmächtig ist, ist es auch die Kraft des Primum Caelum und der Planeten. Ohne den Einfluss des Primum Caelum und der Planeten gibt es keine natürliche Wirkung.

Drittens: Da kein Geschöpf in der Lage ist, Gottes Kraft zu widerstehen, gibt es in der sublunaren, irdischen Welt nichts, was die Kraft hat, dem Einfluss der Himmelskörper zu widerstehen. Die Qualitäten der himmlischen Konstellationen werden den sublunaren, irdischen Dingen ständig eingeprägt. Sie sind stets von jenen abhängig, weil deren Kraft alles Irdische durchdringt.

Viertens: Gott bewirkt durch sein Handeln in jedem Augenblick, was immer sich ereignet. In gleicher Weise bewirkt die Kraft des Primum Caelum und die Sonne ebenfalls in jedem Moment, was immer sie durch die Kraft Gottes bewirken können. Dasselbe gilt für Mond, Saturn, Jupiter, Mars und die anderen Gestirne. Die Sonne bewirkt jedoch nicht das, was dem Mond oder Saturn zu eigen ist, denn die spezifischen Eigenarten der Planeten sind unterschiedlich. Jeder wirkt je nach seiner Natur auf die sublunare Welt und Dinge, die geschaffen werden.

Fünftens: Wenn von Gott die Wirkungen des Primum Caelum, der Sonne, des Monds, Saturns, Jupiters und der anderen Planeten ausgehen oder wenn Er jedem von ihnen als absolute erste Ursache vorsteht, bewirkt das Primum Caelum das Handeln von Sonne, Mond, Saturn, Jupiter sowie der anderen Planeten. Ihre Wirkungen stimmen mit der ersten natürlichen Ursache überein. Daher ist unter den natürlichen Ursachen das Primum Caelum dasjenige, das Gott am ähnlichsten ist, wie es sich für eine erste natürliche Ursache gehört.

Sechstens: Gottes Kraft und Wille bewirken gleichzeitig Dinge, die sich in Art, Rang und Anzahl voneinander unterscheiden. Das gilt nicht nur für die verschiedenen Kategorien, sondern auch innerhalb einer Kategorie wie beim Menschen. Zum Beispiel sind beim Menschen die Gesundheit, Position, Ehe usw. durch die Eigenschaften der Horoskophäuser voneinander verschieden.

Gott beeinflusst alles gleichzeitig bei den verschiedenen Menschen und auch beim einzelnen Individuum. Er bewirkt die natürlichen Ursachen und gleichzeitig ihre Auswirkungen. Daher können bei den verschiedenen Menschen und beim einzelnen Individuum Dinge auftreten, die sich in Art und Anzahl unterscheiden, dennoch bewirkt Gott ihre nachrangigen Ursachen.

Auf die gleiche Weise ahmt die Sonne Gott für alle Erdbewohner nach, und zwar durch ihre Lage in den verschiedenen Häusern. Sie bewirkt somit für alle Menschen gleichzeitig Dinge, die sich nach Eigenart und Anzahl voneinander unterscheiden. Sie bewirkt diese nicht nur durch ihre Stellung oder Häuserherrschaft, sondern auch durch ihre Aspekte auf die Häuserspitzen und Häuserherrscher. Das Gleiche gilt für den Mond, Saturn, Jupiter und alle anderen Planeten.

Die Herrschaften und Aspekte beziehen sich jedoch nicht auf das Primum Caelum, denn es liegt jenseits von ihnen. Durch seine universale Gegenwart und einzigartige Bedeutung wirkt es auf alle Dinge gemeinsam und auf jedes einzelne. Für die letzteren Dinge sind seine Wirkungen je nach ihren Positionen unterschiedlich. Jede einzelne Wirkung des Caelum auf ein Individuum geht nicht vom gesamten Coelum aus, sondern von einem seiner verschiedenen Abschnitte, die die verschiedenen Häuser des Horoskops besetzen.

Siebtens: Wie Gott in der Natur als universelle Ursache und manchmal als besondere Ursache handelt, so tun dies auch das Caelum und die Planeten. Wenn Gott durch seine Teilnahme an natürlichen Ursachen handelt, handelt er immer als eine universelle Ursache, als er jedoch während der Zeit des Pharaos die Sonne nicht über Ägypten scheinen ließ, sondern im Land Gosen, und das Feuer der Hebräer im Ofen von Babylon erwärmen ließ, als er alle anderen Anwesenden verzehrte, bewirkte er dies als eine besondere Ursache. Es konnte keine natürliche Ursache außer Gott gefunden werden, die dies bewirken könnte. In ähnlicher Weise ist die Sonne für die Geburt des Menschen eine universelle Ursache. Ein Sonnencharakter, der durch den Standort und die Herrschaft der Sonne im ersten Haus erzeugt wird, ist eine besondere Ursache, die von der Sonne verursacht wird.

Achtens: Alles, was Gott bewirkt, unterliegt seiner Herrschaft. Deshalb bleiben die Wirkungen des Caelum und der Planeten einschließlich der Ereigniszeiten seiner Kontrolle unterworfen. Diese Harmonie zwischen Gott und den Himmelskörpern ist das größtmögliche Wunder.

Aus allem, was in diesem Buch gezeigt wurde, geht hervor, dass die Himmelskörper die Art und Weise, wie Gott auf seine Schöpfung einwirkt, perfekter nachahmen als alle anderen natürlichen Ursachen.

Ihm allein sei alle Ehre und Herrlichkeit. Amen.

ENDE DES XXI. BUCHES

Die Kabbala der zwölf astrologischen Häuser

Dieser Text wurde ursprünglich von George Wharton 1659 bearbeitet, ins Englische übersetzt, von Thomas Callanan neu aufgeschrieben und von Manfred Magg ins Deutsche übersetzt.

Ich bestreite nicht, dass sich die Auffassungen der Astronomen von Maß, Ort, Bewegungen und Natur des Himmels sehr voneinander unterscheiden. Ich fühle mich jedoch nicht verpflichtet, mich mit einem solchen Streit zu befassen, noch veranlasst er mich zu einem Urteil über einen bestimmten Menschen, um ihn zu tadeln.

Zumindest darin stimmen viele Astronomen überein, dass es einen alles überragenden und obersten beweglichen Himmel (das Primum Caelum) gibt. Dieser vollbringt durch seine Bewegung von Ost nach West einen Umlauf und seine Wiederkehr um die Erde innerhalb von 24 Stunden. Er verursacht eine solche enorme Bewegungskraft in den untergeordneten Körpern, dass er sie offensichtlich von Ost nach West mit sich reißt, ungeachtet dessen, was sich zwischen ihm und der mittleren Luftregion befindet.

Es ist wahr, dass Kepler, der scharfäugige Lynceus des letzten Zeitalters, ebenso wie Kopernikus eine solche erste Bewegung ablehnt. Er betrachtet den Sternenhimmel als alles überragend und unbeweglich. Er behauptet, dass die Erde, die von Pythagoras Planet genannt und zwischen den Sphären des Mars und der Venus platziert wird, durch ihre eigene Bewegung von West nach Ost innerhalb von 24 Stunden eine ganze Rotation um ihre Achse vollführt, wobei die Sonne im Zentrum der Welt steht.

Soll ich das Gleiche behaupten wie die Gelehrten dieses Zeitalters, dass der Sternenhimmel das Amt des Primum Mobile ausübt, dass derselbe Teil der Erde durch die Bewegung ihres ganzen

Körpers fortwährend in den Aspekt der neuen Teile des Sternhimmels kommt, wobei dieser Teil der Erde unverzüglich verändert wird, es sei denn, wir verweigern ihm die Macht, darauf zu wirken?

Ob es einen anderen Himmel über dem der Fixsterne gibt, war den Ägyptern, Chaldäern, Platon, Aristoteles, Hyparchus und sogar Ptolemäus selbst unbekannt. Es ist jedoch sicher und wird von niemandem widerlegt, dass es in den weltlichen Körpern wie der Erde, dem Wasser, Feuer und Himmel einige erste und höchste gibt und es keine höheren geben kann, sonst wären sie in ihrem Wirken unendlich. Diese Körper sind die universellen Ursachen der physischen Mutationen, sie ordnen sich jedoch dem Vorgang unter. Daher muss es bei dieser Unterordnung ebenfalls eine erste und höchste Kraft des Vorgangs geben. Von dieser erhalten die mittleren und von diesen die niedrigsten die Ausrichtung und Tugend ihres Wirkens. Sonst ergäbe diese Unterordnung der Ursachen keinen Sinn.

Warum sollte man sagen, dass das Mittlere in seinem Vorgehen dem Höchsten untergeordnet ist und das Niedrigste dem Mittleren? Warum sollte das Niedrigere keinen Zufluss erhalten oder von dem abweichen, was ihm überlegen ist? Können die Niedrigsten ohne den Einfluss der Mitte oder diese ohne die Höchsten selbst eine Wirkung erzielen?

Die erste Ursache aller Dinge kann daher keine andere sein als der Oberste Himmel, das Primum Caelum, der, wenn er sich gemäß der Lehre der Alten bewegt, auch die Körper bewegt, die minderwertiger sind. Er selbst wird von keinem anderen überlegenen Körper bewegt. Wenn das Primum Caelum, wie Keppler behauptet, unbeweglich ist, aber gestirnt ist, hat es zumindest Einfluss auf die ihm untergeordneten Körper, erhält aber keinen Einfluss von anderen. In jedem Fall ist das Primum Caelum die erste Ursache oder der erste physische Beginn physischer Effekte und Veränderungen. Schließlich ist es nur zweckmäßig, dass der erste Anfang in jeder Art der vollkommenste ist.

Welchen Himmelsabschnitt sollen wir als die erste Ursache bezeichnen für einen natürlichen Anfang? Wahrlich, das, was beim

Anfang einer Sache am Horizont steht, lässt die Sache selbst entstehen.

Von allen Himmelsräumen ist der Osten mächtiger als alle anderen. Das bezeugen alle Astrologen in Bezug auf das Aufsteigen, den Höhepunkt und Niedergang der Sterne und davon überzeugt uns die Erfahrung durch die Veränderung der Höhe.

Eine Ursache ist in Bezug auf ihre Wirkung stärker und mächtiger. Daher muss die Wirkung der Dinge dem Aszendenten zugeschrieben werden, denn niemand wird den Aufstieg und das Hervorbringen dieser Dinge leugnen.

Der Teil des Himmels, der zunimmt, höher über dem Horizont liegt und schließlich den mittleren Himmel einnimmt, wird mit seiner Kraft über den Anfang dominieren. Das, was zur gleichen Zeit niedergeht, abnimmt und schließlich den Himmelsgrund erreicht, sollte als Ursache des Vergehens angesehen werden.

Das ist die einfache und erste Aufteilung des Himmels, die sich dazu eignet, alle physischen Dinge aus ihrer eigenen Natur zu erzeugen, zu vermehren, zu verändern und sie schließlich zu verderben.

Was damals die alten Astrologen für ihre Himmelskonstitutionen häufig verwandten, war für eine gewissenhafte Gliederung des Himmels wegen den unvollkommenen astronomischen Tafeln schwierig. Das zeigt die Darstellung des Kometen durch Haly, der zu seiner Zeit erschien.

Schließlich beobachtete ein Astrologe, dass der Himmel sowohl für den Menschen als auch für die anderen belebten und unbelebten Kreaturen geschaffen und bewegt wurde. Dabei stimmen viele Dinge mit der göttlicheren Natur des Menschen überein, nicht aber mit den anderen Kreaturen.

Er nahm an, dass der Himmelskreis wegen dem Menschen in zwölf Abschnitte geteilt wurde. Diese bewirken große Kreise, die durch die Schnittpunkte des Horizonts und Meridians gezogen werden und den Äquator in viele gleiche Abschnitte durchschneiden. Er nannte sie Häuser, von denen er das erste im Osten platzierte und der Nachwelt überlieferte.

Dieses erste Haus herrscht über das Menschenleben und aus ihm lässt sich über das Leben urteilen. Das 2. Haus, das gemäß der Bewegung der Planeten danach folgt, regiert über den Reichtum, das dritte über die Brüder und Verwandten, das vierte über die Eltern. In der nachfolgenden Abbildung werden alle Häuser geordnet und benannt.

Abbildung 9: Die Ordnung und Namen der astrologischen Häuser

Von diesem Astrologen hat man die Teilung des Himmels und die Bezeichnung der Häuser bis auf den heutigen Tag bewahrt, obwohl Ptolemäus und seine Anhänger von der alten Tradition abweichen und die Teilung an vielen Stellen verändert haben. Das gilt in Bezug auf die Kinder, über die sie nicht aus dem 5. Haus, sondern hauptsächlich aus dem 11. urteilen. Es steht jedoch zum 5. Haus in Opposition. Gleiches gilt für die Mutter, die sie nicht aus dem 4., sondern aus dem oppositionellen 10. Haus beurteilen. Die Diener und Tiere beurteilen sie nicht aus dem 6., sondern aus dem oppositionellen 12. Haus. Diese offensichtlichen Fehler werden wir später korrigieren.

Unter allen astrologischen Grundlagen ist diese Gliederung des Himmels in die zwölf Häuser die wichtigste. Die Kunst der Vorhersage hängt davon hauptsächlich ab. Ihre Ursachen, Gründe und Anfänge sind für uns heute kaum mehr herauszufinden. Deshalb wurde sie seither nur von wenigen verteidigt. Viele haben sich zwar bemüht, aber nichts Vernünftiges hervorgebracht.

Deshalb war es für die Feinde der Astrologie seither einfach, die Häuser zu verspotten und zu fragen, warum kann der Himmel nicht in mehr als 12 Häuser unterteilt werden? Warum wird das erste Haus als das des Lebens genannt und im Osten platziert? Warum verläuft die Zählung der Häuser von Ost nach West? Warum wird das zweite Haus als das des Reichtums oder Gewinns genannt, das zwölfte das der Feinde, Inhaftierung und des Elends? Warum wurden den anderen Häusern ihre Namen gegeben und sie in dieser Reihenfolge angeordnet? Die Zweifler sehen darin keine Ordnung und nur eine Chimäre.

Sie sollten jedoch wissen, dass die Aufteilung der zwölf Häuser, wie sie die Abbildung oben zeigt, nicht als eine vorgetäuschte oder nur einem Wunsch entsprechende, sondern als eine natürliche angesehen werden kann. Für den klugen Intellekt ist sie eine glückliche Vorstellung, die das menschliche Verständnis erfassen kann. Sie ist von jenem universellen Wissen, das Gott bei der Schöpfung in Adam gegossen hat und das auf einer wirklichen Grundlage steht.

Sie erklärt den universellen Zustand des Menschen im Himmel wie in seiner ersten physischen Ursache. Diese kabbalistische Aufteilung wurde vom ersten Autor an die Nachwelt weitergegeben, die sie bis heute unverändert erhielt. Dennoch wurden ihre Geheimnisse nicht verstanden und niemand hat uns etwas über sie hinterlassen.

Die erste und einfachste Aufteilung des Himmels in vier Hauptabschnitte ist keine vorgetäuschte, sondern eine natürliche. Jeder dieser Himmelsabschnitte, der auf dem Himmelsäquator, dem Hauptkreis der ersten Bewegung der Welt, durch partile Trigone ein gleichseitiges Dreieck bildet, verbindet Himmelsabschnitte von derselben Natur.

Die Ewige Triplizität ist von unendlicher Liebe. Sie ist der Brunnen und die Substanz unendlicher, vollkommener Liebe. Das Liebende ist dabei das Erste das Geliebte, das Zweite und die Liebe, die von beiden ausgeht, das Dritte, nicht als Schöpfung oder in einem Geschöpf, sondern als Zahl.

Deshalb ist sie das Einfachste und Vollkommenste. Das Vollkommene ist universell, weil es sich aus einem Trigon ableitet: Deshalb ist jedes Trigon perfekt, nicht in irgendeiner bestimmten oder besonderen Vollkommenheit, sondern in dieser ersten und universellen Vollkommenheit des Ersten Trigons (Triplizität), das aus der Liebe kommt. Alle anderen Trigone haben je nach der Fähigkeit ihrer Natur daran unterschiedlich Anteil.

Man kann beobachten, dass die Fixsterne und Planeten aufgrund ihrer verschiedenen Bewegungen auf den Himmelskreisen unterschiedliche Aspekte bilden, nämlich Sextile, Trigone und die Oppositionen.

Die ersten weisen Astrologen bestätigen, dass unter allen Aspekten das Trigon der vollkommene ist und dass darin die Vollkommenheit des ersten Trigons (Triplizität), nämlich die Liebe, so stark und lebhaft wirkt, dass sie es den Aspekt der reinen Freundschaft nennen.

Sie schlossen daraus zu Recht, dass die Teile des Äquators, die miteinander ein partiles Trigon bilden, von der gleichen artgemäßen Natur sind und eine Triplizität der gleichen Art bilden.

Darum sieht man, dass jeder der vier oben erwähnten kardinalen Himmelsabschnitte seine eigene Natur herausfordert. Durch diese vier Triplizitäten ist der Himmel in zwölf Abschnitte unterteilt, die Häuser genannt werden. Er ist auch nicht durch das geschaffene Quartär und multipliziert mit dem göttlichen Tertiär in mehr oder weniger Abschnitte teilbar.

Deshalb wird diese Teilung als eine vollkommene angesehen, die

Sextile, Quadrate, Trigone und auch die Opposition enthält. Das sind alle himmlischen Aspekte, durch die, ohne die Konjunktion wegzulassen, alle Variationen der allgemeinen himmlischen Einflüsse auftreten.

Diese Aspekte stimmen vollkommen mit allen Teilen der Zahl zwölf überein, welche die 1, 2, 3, 4, und 6 sind. Dabei verweist

- die (0 -) 1 von 12 auf die Vereinigung oder Konjunktion,
- die 2 von 12, das ist der 6. Teil von 12., auf den Sextilaspekt,
- die 3 von 12, die sich aus dem 4. Teil ergibt, auf das Quadrat,
- die 4 von 12, der dritte Teil, auf das Trigon,
- die 6 von 12, die Hälfte, auf die Opposition.

Da es im Kreis nicht weitere Aspekte gibt, ergeben sich aus der Zahl zwölf nicht mehr Abschnitte. In der Tat wurden alle Dinge von Gott nach Maß, Zahl, und Gewicht geschaffen.

Das Leben des Menschen besteht aus vier Lebensaltern: der Kindheit, Jugend, dem mittleren Mannesalter und Alter. Dabei sind vier verschiedene Dinge zu beobachten, auf die alle anderen zurückzuführen sind, nämlich: das Leben, das Handeln, die Ehe und die Leidenszeit. Sie stimmen mit dem Anfang, dem Höhepunkt der Kraft, der Abnahme und dem Ende oder Tod überein. Diese vier unterliegen der Natur, denn der Mensch soll in der Welt aufwachsen, ein weltliches Leben genießen und im Handeln stark sein. Danach, wenn in der Zeit der Ehe die Zerstreuung der angeborenen Hitze und eine radikale Feuchtigkeit beginnt, soll seine Kraft abnehmen.

Von seiner stärksten Manneskraft, der besten Zeit der Ehe, nimmt er schließlich zum Alter hin wieder ab und nähert sich während der letzten Lebenszeit dem Todesaugenblick. Daher gehören das Leben und Handeln, die Ehe und Leidenszeit des Menschen zu denselben Himmelsprinzipien wie die Geburt, Kraft, Abnahme und der Tod aller anderen Dinge dieser Welt.

Dies entspricht dem Leben im Osten, dem Handeln im mittleren Himmelabschnitt, der Ehe im Westen und der Leidenszeit im Angel- und Tiefpunkt der Erde.

Woher kommen nun die vier Triplizitäten gleicher Gattung und Natur sowie die oben erwähnten zwölf Häuser?

Die *erste Triplizität* beginnt im Winkel- und Angelpunkt des Ostens, dem AC, den sie das erste Haus nennen und welcher zur Kindheit gehört. Sie wird die Triplizität des Lebens und Seins genannt.

Die anderen Häuser dieser Triplizität sind das neunte und fünfte Haus. Sie bilden zum ersten Haus auf dem Äquator ein partiles Trigon. Auf ihm wird diese rationale Aufteilung der Häuser vorgenommen.

Der Mensch lebt in dreifacher Hinsicht: in sich selbst, in Gott und in seiner Nachwelt. Das erste Leben wird dem Menschen aus anderen Gründen gegeben, nämlich, damit er Gott anbete und dessen *Bild* hervorbringe:

Welches ist die vollständige Absicht Gottes bei der Erschaffung des Menschen?

1. Da es *das Leben des Menschen* selbst berührt, weil es das erste aller anderen Dinge der natürlichen Ordnung ist und der Rest ohne es nicht sein könnte, fordert es das Haupthaus der Triplizität, den Winkel des Ostens, zu Recht heraus.
2. *Das Leben in Gott*, das zweite in der Reihenfolge, lebt im Haus der Religion. Es ist das neunte nach dem ersten Haus gemäß der Äquatorbewegung, die sich im Horoskop durch den AC gegen den Uhrzeigersinn weiterbewegt. Erstes, neuntes und fünftes Haus gehören zur selben Triplizität.
3. Schließlich folgt *das Leben in der eigenen Nachwelt*, dem Haus der Kinder, welches das fünfte ist. Darum gehört es ebenfalls zur Triplizität des Lebens.

Zu beachten ist, dass durch die Bewegung des Himmelsäquators, das Mass der Zeit, vom 9. Haus ein sofortiger Eintritt in das 8. Haus erfolgt, dem Haus des zeitweiligen Todes. Dadurch soll der Mensch verstehen, dass er in Gott leben muss bis zu seinem zeitlichen Tod, sodass sich zwischen diesen und das Leben in Gott kein Zeitabschnitt schiebt.

Die *zweite Triplizität* beginnt mit dem Winkel- und Angelpunkt der Himmelsmitte MC, den sie das 10. Haus nennen und der der Jugend angehört. Sie wird auch als Triplizität des Handelns und Gewinns oder der von dorther fließenden weltlichen Gütern bezeichnet. Dies gilt, weil alles, was physisch arbeitet, für ein irdisches Gut wirkt.

Durch die Bewegung des Äquators ergibt sich ein Fortschreiten vom Angelpunkt des Ostens zur Himmelsmitte. In dieser Art ergibt sich eine Entwicklung von der Kindheit zur Jugend und vom Sein und Leben zum Handeln. Die beiden anderen Häuser dieser Triplizität sind das 6. und das 2. Haus.

Der *Gewinn und das irdische Gut*, das sich dem Menschen aus seinem Tun ergibt, sind ein Dreifaches:

1. *Das erste Haus in der Reihenfolge der Würden bewirkt Immaterielles*: das Tun, die Aktion, die Künste, das Amt, die Würden und das Ansehen, zu denen ein Mann erhoben wird, sowie die Macht und Majestät. Darum ist das Haupthaus dieser Triplizität der Winkel- und Angelpunkt der Himmelsmitte MC.
2. *Das zweite Haus der Triplizität betrifft die belebte Materie:* die Untertanen, Diener, alle anderen Lebewesen – und beinhaltet Dienstleistungen. Sie sind gemäß der Äquatorbewegung in der nachfolgenden Triplizität, im 6. Haus, platziert.
3. *Das letzte Haus ist materiell und unbelebt*: das Gold, Silber, Inventar und alle anderen unbeweglichen Güter, die wir durch die eigene Arbeit erwerben. Sie werden dem zweiten Haus als Reichtum zugeschrieben. Daher steht die gesamte Triplizität für die Tätigkeit und den Gewinn, der sich daraus ergibt.

Die *dritte Triplizität* beginnt am Winkel- und Angelpunkt des Westens, der als 7. Haus bezeichnet wird und der zum Menschsein gehört: Sie wird die Triplizität der Ehe und Liebe genannt.

Durch die Äquatorbewegung des Himmels ergibt sich ein Fortschreiten vom Angelpunkt der Himmelsmitte MC zum westlichen Angelpunkt DC. Trotzdem erfolgt ein Fortschreiten von der Jugend zum Erwachsenenalter, von berühmten Taten zur Ehe und zu

Freundschaften mit Menschen, denen man dort begegnet. Die beiden anderen Häuser dieser Triplizität sind das 3. und 11. Haus.

Der Mensch ist in dreifacher Hinsicht mit anderen Menschen verbunden:

1. *Die erste Verbindung in der Reihenfolge der Würden ist die des Körpers.* Wir nennen sie Ehe und sie ist das Haupthaus dieser Triplizität. Der westliche Winkel- und Angelpunkt DC gehört zu ihm.
2. *Die zweite Verbindung ist die des Blutes.* Wir finden sie im dritten Haus, dem der Brüder und Verwandten. Es ist das nächstfolgende in der Triplizität gemäß der Bewegung des Äquators.
3. *Die letzte Verbindung ist die der einfachen Barmherzigkeit oder Gunst*, aus denen im 11. Haus die Freunde erwachsen.
   Dies ist die gesamte Triplizität der Ehe und Liebe.

Die *vierte Triplizität* ist die des dunklen Winkel- und Angelpunktes, der Mitternacht und des Himmelsgrundes IC. Er wird als viertes Haus, Höhle, Rückzugsort der Planeten bezeichnet und dem Alter zugeschrieben. Sie ist die Triplizität der Leidenschaft, des Elends und Todes.

Jeder Mensch ist ihnen wegen der Sünde Adams unterworfen. Die beiden anderen Häuser dieser Triplizität sind das 12. und 8. Haus:

1. *Das erste Leiden* des Menschen in der natürlichen Ordnung ist die traurige Erwartung des natürlichen Todes der Eltern, besser und kabbalistisch gesprochen, ist es die Belastung durch die Erbsünde, die unsere Eltern uns eingeprägt haben. Durch sie sind wir seit unserer Geburt dazu geschaffen, jegliches Elend und schließlich den Tod selbst zu ertragen.
   Deshalb gehört das Haupthaus dieser Triplizität, nämlich der Winkel- und Angelpunkt des vierten Hauses, den Eltern und ihren Lebensbedingungen während des Lebens des Geborenen, sowie ihrem Tod und dem Erbe, das sie dem Geborenen hinterlassen.
2. *Das zweite Gebrechen* besteht aus Betrügereien, Hass, Machenschaften, Verrat und Verletzungen, insbesondere durch

geheime Feinde. Zu seinen Gebrechen gehören Gefängnis, Knechtschaft, Armut und alles Elend, das ein Mensch im Leben erfahren kann. Sie sind alle lebensfeindlich und man kann sie unter dem Begriff des geheimen Feindes im 12. Haus zusammenfassen.

Es wird auch das Tal des Elends genannt und folgt in dieser Triplizität, gemäß der Bewegung des Äquators unmittelbar dem 4. Haus.

3. *Das letzte Leiden*, welches das 8. Haus bewohnt, ist des Menschen eigener Tod. Er stellt das Ende des Zeitlichen dar und der Beginn des ewigen Lebens. Gemäß der zweiten Bewegung oder die der Planeten von West nach Ost, erfolgt ein Eintritt vom 8. in das 9. Haus. Es ist das Haus des Lebens in Gott.

Dadurch kann der Menschen verstehen:

1. Die erste Bewegung gibt sich dem Körper und sinnlichen Bedürfnissen hin.
2. Die zweite Bewegung, die er durchlaufen soll, ist die der Seele. Sie wird dem Verstand und der Vernunft zugeschrieben, die von einem vorübergehenden Tod zum ewigen Leben in Gott übergehen sollen.

Deshalb stehen in den Triplizitäten immer die edlen Häuser, das sind die Eckhäuser, an erster Stelle der Ordnung der Natur und Würde. Danach folgt die zweite Ordnung der Häuser gemäß der Äquatorbewegung des Himmels und danach kommen die letzten Häuser.

Warum sollten wir annehmen, dass diese Aufteilung der zwölf Himmelshäuser nach Triplizitäten in dieser exzellenten Zusammenstellung und Reihenfolge in irgendeiner Weise eine vorgetäuschte oder zufällige ist? Die weise Ordnung der Häuser erfasst alles Weltliche, wonach der Menschen verlangt und das ihn betrifft.

Dazu gehört das Wissen von den Oppositionen, welche dieselben Qualitäten enthalten. Sie bestätigen für jedes Haus im negativen Gegenüber, was zu ihm gehört.

Zum Beispiel weiß der Mensch durch das Sehen und die Kraft des natürlichen Lichts, dass es Gott gibt, der die Welt geschaffen hat und regiert. Daher muss dieser vor allem anderen angebetet und geliebt werden. Er verhält sich wie der Trigon-Aspekt aus dem 1. Haus als Ursache aller Neigungen zum 9. Haus, dem Haus der Religion.

Durch die ersten Prinzipien der Natur, die den Sternen, Planeten und ihren Aspekten unterstellt sind und sich im 1. und insbesondere im 9. Haus befinden, kann man beurteilen, ob der Geborene zur Anbetung Gottes und Religion oder zum Gegenteil geneigt ist. Das gilt auch für die anderen Dinge dieser Art.

Deshalb wird aus dem 7. Haus gemutmaßt, ob jemand ein Leben als Verheirateter oder als Einzelperson führen soll, aus dem 5. Haus, ob jemand fruchtbar ist, damit Probleme hat oder das Gegenteil. Ähnliches gilt für die übrigen anderen Häusern.

Darüber hinaus unterscheidet die Weisheit der Triplizitäten deutlich, was zu jedem Haus gehört. Es offenbart die Fehler, die man aus den ungünstigen und schlechten Häusern erkennen kann.

Zum Beispiel nehmen fast alle Astrologen fälschlicherweise an, dass die Gesundheit und Krankheit zum 7. und 6. Haus gehören, während sie tatsächlich vom Temperament abhängen, das der Sitz des Lebens ist. Deshalb sollte ein Urteil über sie durch Betrachten des ersten Hauses gegeben werden.

Das Urteil, das aus den anderen Häusern abgeleitet wird, ergibt sich nur akzidentiell. Das bedeutet, Gesundheit und Krankheit hängen dabei von den Übeltätern und ihren Aspekten ab, die sie auf den AC werfen, oder von Oppositionen und Quadraten, die sich durch die Direktionen während des Lebens ergeben.

Wenn sich Saturn und Mars zum Zeitpunkt der Geburt im 2. oder 6. Haus befinden, kann man wegen diesen Häusern auf eine Saturn- oder stoffliche Krankheit schließen. Das geschieht, wenn der Saturn oder Mars während einer Direktion in das 2. Haus kommt. Gleiches geschieht, wenn der Saturn oder Mars in das 7. Haus in Opposition zum AC kommt. Dabei wird das Urteil immer auf das Horoskop, das heißt, auf den Aszendenten, bezogen.

Ptolemäus hätte sie und die anderen verfälschten Häuser mit Hilfe der Kabbala der Häuser perfekt beschreiben können.

Auf die Frage, warum der Himmel nicht in mehr als zwölf Häuser unterteilt ist, antworte ich: Weil jeder der vier Kardinalteile des Himmels, die den Anfang, die Kraft, die Abnahme und den Tod der Dinge durch ein Trigon regieren, jeweils durch Trigone mit zwei anderen Himmelsabschnitten von eigener Natur verbunden sind. Aus den vier Hauptabschnitten erstehen drei Orte derselben Natur. Dies ergibt dreimal vier und genau zwölf.

Zum Zweiten wird das erste Haus das Haus des Lebens genannt, weil ein Mensch zuerst in die Welt treten und sich erheben soll, wenn der Atem dieses Lebens das erste Mal in ihn einzieht. Da das erste Atmen der Anfang des eigenen Lebens ist, muss es im Osten platziert werden, wie der Beginn einer jeden anderen physischen Angelegenheit.

Zum Dritten kommt es für die himmlischen Zuflüsse und Vorhersagen nicht darauf an, welches Haus aufgerufen wird, vorausgesetzt, der Himmel wird wie dargestellt in vier Triplizitäten aufgeteilt und die Art der Häuser hat sich nicht geändert.

Die physische Ordnung der Häuser geht vom Osten nach Süden, in den Westen und entspricht der Bewegung der ersten und universellen physischen Ursache. Nach deren Abschnitten folgen durch diese Bewegung die Kardinalpunkte oder Lebensalter von allen gezeugten Wesen und Dingen aufeinander und zwar auf dem Himmelsäquator, dem Hauptkreis der ersten Ursache, entsprechend ihrer Abfolge.

Deshalb ist das Haus der Feinde (12.) physisch das erste in der Reihenfolge, das Haus der Freunde (11.) das zweite, das Haus der Magistratur oder des Amtes (10.) das dritte und so weiter.

Mystisch oder analog beginnt die numerische Ordnung vom Osten und verläuft über den Nordwinkel nach Westen, denn es gibt zwei Himmelsbewegungen.

Die erste wird als die mitreißende Bewegung bezeichnet. Die zweite Bewegung ist die der Planeten, die ungeachtet der mitreißenden Bewegung, ausnahmslos die Gesetze ihrer eigenen gemäßigten Bewegung einhalten. Sie bewegt sich gegenläufig zur ersten.

Im Menschen, welcher der Mikrokosmos genannt wird, gibt es

ebenfalls zwei Bewegungen. Eine betrifft das sinnliche Verlangen, welches zur Bewegung des Menschen als *Lebewesen* gehört und zur ersten der natürlichen Ordnung. Sie ist schnell.

Die andere betrifft sein Bedürfnis nach Verständigkeit. Sie gehört zur Bewegung des Menschen als *Individuum* und steht im Gegensatz zur Ersteren. Sie ist mäßig.

Die erste Bewegung des Menschen hat eine größere Analogie zur Bewegung des Primum Caelum und die zweite zur Bewegung der Planeten.

Deshalb wurde es für angebracht gehalten, den Himmel durch die Nachfolge der Zeichen und der direkten Bewegung der Planeten zu teilen. – Letztere sind manchmal auch rückläufig und stationär, wie es die Verstandestätigkeit sein kann, wenn sie sich von sinnlichem Verlang verzücken und überwältigen lässt.

Die analoge Betrachtung ergibt, dass die Bewegung des Primum Caelum das sinnliche Verlangen des Menschen beeinflusst und die Bewegung der Planeten seinen Verstand.

Die Planeten, soweit sie von ihrer eigenen Bewegung getragen werden, und das Primum Caelum haben keinen Einfluss auf das sinnliche Verlangen oder auf den Menschen als Lebewesen. Bei den Tieren ist dies anders.

Außerdem haben weder die Planeten noch das Primum Caelum von sich aus Einfluss auf das Bedürfnis nach Verstehen oder den Menschen, soweit er rational ist, aus einem Grund, der sich aus keinem natürlichen, sondern einem übernatürlichen Prinzip ergibt.

Dennoch gibt es in dieser mystischen Analogie viele Dinge, die unserer Überlegung wert sind, da sie zur heilsamen Unterweisung des Geistes beitragen.

Dazu gehört: Es gibt zwei Wege, die mit dem Menschen im Augenblick seiner Geburt geschehen, selbst wenn er (seine Sonne) in das erste Haus nach seinem Aszendenten, gemäß der Ersten Bewegung im Uhrzeigersinn in das 12. Haus gebracht wird. Durch die Bewegung des Primum Caelum hat er ein starkes sinnliches Verlangen und gelangt in das Tal des Elends. Dies ist das 12. Haus, das alle Leiden dieses Lebens enthält, das Haus der geheimen Feinde, der Welt, des Fleisches und des Teufels, dessen Stolz es ist. Weiter führt dieser Weg in die Höhe zum Winkel- und Angelpunkt des Ansehens, der Ehre und Erhabenheit (ins 10. Haus).

Das 12. Haus gehört zur Triplizität der Eltern, aus ihr geht der Tod hervor sowie eine fortwährende Gefangenschaft in der dunklen Höhle, in der Trauer und Grauen droht.

Der andere Weg folgt dem Verlangen nach rationalem Verstehen, bei dem der Mensch durch die Bewegung der Planeten auf dem Weg der Schicksalsannahme und Demut zum Haus des Reichtums und der Güter, dem 2. Haus, getragen wird. Diese erlangt er durch die eigenen menschlichen Tugenden, die aus der Triplizität des höchsten Winkels oder der Himmelsmitte MC entspringen in der die Güte, Macht und Majestät wohnen.

Dabei wird uns offenbart, ob einer dieser Wege der bessere ist und wir deshalb der Bewegung des Rationalen oder des sinnlichen Verlangens folgen sollten.

Abschließend sage ich zu den vier Fragen, warum jedes Haus mit seinem Namen genannt werden muss und nicht mit einem anderen, klarer ist als der Sonnenschein. Die Antwort ergibt sich aus der Anordnung, Bedeutung und Erläuterung der Triplizitäten.

Darum werde ich hier meinen Diskurs über die Himmelshäuser beenden. Er ist neu, seither unbekannt und ruht auf festen physischen Grundlagen. Dennoch entstammt er dem Erhabensten, obgleich er nur ein kleiner Beitrag ist, damit die unsichtbaren Dinge von Gottes Schöpfung klar erkannt und verstanden werden.

– Ende –

Anhang

Astrologische Grundelemente und Tabellen

Die folgenden Texte und Tabellen ergänzenden den Haupttext. Letztere sollen dabei für den weniger Geübten zum Beispiel bezüglich der Würden der Planeten das Nachschlagen ohne Zusatzliteratur ermöglichen. Die Texte könnten einem erweiterten Verständnis für Morins Denkweise in Bezug auf die Planeten, Elemente und Tierkreisabschnitte dienen. Gleiches gilt für die erstmalig in die deutsche Sprache übersetzte, 1623 erschienene frühe Schrift Morins über die KABBALA DER ZWÖLF ASTROLOGISCHEN HÄUSER.

Verwandtschaft der Lichter und Planeten mit Teilen des Zodiak

Zu den zentralen Deutungselementen der traditionellen Astrologie gehören die Würden des Planeten. Die *essentielle Würde* eines Planeten ergibt sich vor allem aus seiner Stellung im Tierkreiszeichen, während seine *akzidentielle Würde* vom Aufenthalt im Horoskophaus abhängt. Die Würden beeinflussen die Wirksamkeit und Qualität der Planeten, deshalb ist ihre Beachtung für Morins Deutungen unerlässlich. Er nennt die beiden Kategorien die *essentiellen und akzidentiellen Determinationen.*

Zu den *essentiellen Determinationen* gehört das Domizil. Es bezeichnet das Primärhaus oder Tierkreiszeichen, das als Heimatwohnsitz eines bestimmten Planeten gilt. Dieser wird als Herrscher seines Domizils betrachtet. Obwohl die Zuordnungen der Zeichenherrscher zu den Tierkreiszeichen Grundlagen der Astrologie darstellen, entsteht gelegentlich die Frage, woher sie eigentlich stammen und worin sie sich begründen.

Eine wenig bekannte Erklärung finden wir bei Ptolemäus. Dieser

Sonnensäule – Mondsäule

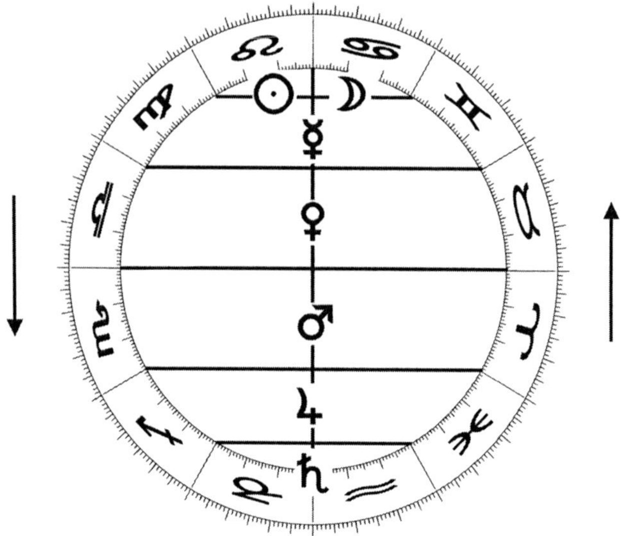

Säule des fallenden Lichts – Säule des steigenden Lichts

Abbildung 10: Die Säulen der Lichter und Planeten nach Ptolemäus

leitet die Entsprechungen der Planeten und Tierkreiszeichen wahrscheinlich astronomisch, das heißt, von den Bewegungsbögen ab. Letztere bringt er in eine Analogie zu den Tierkreiszeichen, Jahreszeiten und Planetenbahnen. Im TETRABIBLOS, Buch I, beschreibt er sie im Kapitel *Über die Häuser und Planeten* folgendermaßen:

> Die Verwandtschaft der Lichter und Planeten mit Teilen des Zodiak besteht aufgrund sowohl der (Primär-)Häuser, als auch der Trigone, Erhöhungen, Grenzen und gewisser Charakterähnlichkeiten.
>
> Die Zeichen, das sind die Primärhäuser, werden den Planeten auf ganz natürliche Weise zugeteilt. Von den zwölf Zeichen erreichen zwei nördliche am nächsten unseren Scheitelpunkt, den Zenit. Da diese, nämlich Krebs und Löwe, am höchsten stehen und ganz besonders die Hitze des Sommers verursachen, hat man dahin entschieden, dass diese beiden Zeichen die

Häuser der größten und kräftigsten Lichter sein müssen: der *Löwe*, das der Sonne, da dieses Zeichen männlich ist, das *Krebszeichen* dagegen das des Mondes, da es weiblicher Natur ist.

Dann hat man allgemein übereinstimmend den Halbkreis vom Löwen bis zum Steinbock als sonnenzugehörig angesprochen, denjenigen vom Wassermann bis zum Krebs dagegen als dem Mond verwandt. Damit kann in jedem Halbkreis ein Haus aufgrund seiner Verwandtschaft einem Planeten zugeteilt werden, mag er nun der Sonne oder dem Mond entsprechen, je nach der Lage seines Kreislaufes und dessen Natur.

Dem **Saturn**, da er als kältester Planet gegen die Wärme kämpft und die äußerste, von den Lichtern am weitesten hinausgerückte, Kreisbahn beschreibt, hat man danach diejenigen beiden Zeichen zugeordnet, die dem Krebs und dem Löwen entgegengesetzt sind, also *Steinbock* und *Wassermann*. Diese Zeichen sind selbst ebenfalls kalt und winterlich. Wegen ihrer *Opposition* zu Krebs und Löwe müssen sie unglücklich genannt werden.

Der **Jupiter** aber ist gemäßigter Natur und sein Kreislauf wird von dem des Saturn umschlossen. Deshalb hat man dem Jupiter die beiden den ersteren nächstliegenden Zeichen, die wetterwendischen, windigen und fruchtbaren: *Schütze* und *Fische* zugesprochen, Sie werden von den Zeichen der Lichter Sonne und Mond im *Trigon* bestrahlt, was ihrer wohltätigen Wirkung entspricht.

Dem dörrenden **Mars**, der sich innerhalb des Jupiterkreises bewegt, wurden darauf die beiden Zeichen, die denen Jupiters am nächsten sind, zugeteilt: *Skorpion* und *Widder*. Infolge ihres *Quadrataspekts* auf die Häuser der Lichter entsprechen sie der schädlichen und zerstörenden Natur des Mars.

Der **Venus**, deren Natur wieder gemäßigt ist und die ihren Platz innerhalb des Marskreises hat, gehören die den beiden vorigen nächsten, die Zeichen des Reichtums: *Waage* und *Stier* an. Sie sind infolge ihres *Sextilaspekts* sehr milde und lind. Die Venus geht nicht weiter als zwei Zeichen der Sonne voran oder nach.

Dem **Merkur** schließlich ist nur ein Zeichen von der Sonne entfernt, infolgedessen von den Sphärenkreisen aller Planeten umschlossen und den

Lichtern am nächsten. Ihm wurden die Zeichen zuerkannt, die denen der Lichter ebenso nahe sind, nämlich die *Zwillinge* und *Jungfrau.*

Freunde und Feinde der Planeten

Die folgende Zusammenstellung aus Morins Schriften orientiert sich an der der Astrologin Pepita Sanchis Llacer:

Die *Sonne* verleiht allem Großartigkeit, glänzende Begabung und Würde. Sie verträgt sich mit allen Planeten außer Saturn, der sie löscht und kühlt.

Der *Mond* verträgt sich nicht mit Saturn und Mars. Die beiden Übeltäter schaden ihm, obwohl er ihnen keinen Schaden zufügt.

Zum Merkur hat der Mond eine schwierige Beziehung. Da der Mond die Emotionen und Merkur die Vernunft darstellt, neigt er dazu, Merkurs logische Fähigkeit zu verringern.

Bei allen Planeten trägt der Mond zu Emotionen und Veränderungen bei.

Mit Venus und Jupiter harmoniert der Mond besonders gut. Sie sind für ihn großartige Freunde.

Merkur passt sich allen Planeten an, mit Ausnahme des Mars, dieser schädigt den Merkur. Umgekehrt fügt Merkur dem Mars keinen Schaden zu.

Merkur trägt zu allem Vernunft und Logik bei. Zu Saturn passt Merkur bezüglich intellektueller Angelegenheiten besonders gut. Mond und Venus sind sehr emotionale Planeten, während Merkur äußerst rational ist. Deshalb gibt es zwischen ihnen nur schwer eine Harmonie.

Venus verträgt sich nicht mit Saturn und Mars, weil sie ihr schaden. Anderen Planeten verleiht Venus Weichheit und Schönheit. Sie beschwichtigt und zähmt diese. Am besten harmoniert sie mit Mond und Jupiter.

Mars verträgt sich mit keinem anderen Planeten außer der Sonne. Er verleiht vor allem seine negative, aggressive Wirkung.

Mit Venus verträgt er sich nur unter bestimmten und besonders günstigen Bedingungen.

Den Mond beeinflusst er, indem er die Emotionen zum Beispiel in Richtung Wut und Ärger verändert.
Mit der Venus vermittelt er Aggressivität in Venusangelegenheiten. Das ist zum Beispiel der Fall, wenn jemand Zuneigung durch Schreien, Schlagen und Gewalt sucht, sie aber dennoch nicht bekommt.
Mars mit Merkur bedient sich einer abrupten und aggressiven Sprache. Sie ist laut und in ihrer Ausdrucksweise beleidigend. Das Gleiche gilt für Mars in Bezug auf die anderen Planeten. Er ist abrupt, hastig, aggressiv und neigt zur Gewalt.

Jupiter verträgt sich mit allen Planeten außer Mars. Jupiters Wirkung vergrößert und erweitert alles.
Jupiter und Mars ergänzen sich nicht gut. Sie verstärken die Wut.
Mit Mond und Venus harmoniert Jupiter besonders gut.

Saturn verträgt sich nur mit Jupiter und Merkur.
Mit Merkur ist Saturn nur im intellektuellen Bereich kompatibel, aber Saturn gibt ihm kein Glück. Den anderen Planeten schadet er, umgekehrt schaden diese aber nicht dem Saturn.
Am meisten schadet Saturn Sonne und Mond. Die grundlegende Wirkung von Saturn besteht darin zu härten, kühlen oder zu löschen (auszuschalten). Deshalb gilt:
Saturn löscht die Sonne und nimmt ihr das Leuchten.
Saturn trocknet den Mond und verhärtet ihn.
Saturn härtet und kühlt die anderen Planeten und stellt Hindernisse in den Weg.

Die **Temperamente** der Planeten nach Schwickert-Weiß:

- Sonne: warm und trocken
- Mars: warm und trocken
- Jupiter: warm und trocken
- Venus: warm und feucht
- Mond: kalt und feucht
- Merkur: kalt und feucht
- Saturn: kalt und trocken

Die klassischen Würden der Planeten

	Domizil	Erhöhung	Exil	Fall
♈	♂	☉	♀	♄
♉	♀	☽	♂	
♊	☿		♃	
♋	☽	♃	♄	♂
♌	☉		♄	
♍	☿	☿	♃	♀
♎	♀	♄	♂	☉
♏	♂		♀	☽
♐	♃		☿	
♑	♄	♂	☽	♃
♒	♄		☉	
♓	♃	♀	☿	☿

Die klassischen Triplizitätsherrscher im Tag- und Nachthoroskop

nach Dorotheus von Sidon

Element	**Tag**	**Nacht**	**Mitherrscher Tag und Nacht**
Feuer	☉	♃	♄
Luft	♄	☿	♃
Wasser	♀	♂	☽
Erde	♀	☽	♂

Die Triplizitätsherrscher nach J.-B. Morin

Bei einem Tageshoroskop steht die Sonne über dem Horizont, bei einem Nachthoroskop darunter. Ganz allgemein gilt die Sonne als Tagherrscher und der Mond als Nachtherrscher.

Unter einer Triplizität versteht man eine Dreiheit von Tierkreiszeichen, die dem gleichen Element angehören. Sie sind durch Trigone miteinander verbunden. Zu jedem Element gehört eine

Dreiheit oder Triplizität, von Morin auch Trigon genannt. Entsprechend den vier Elementen gibt es vier Triplizitäten:

- Feuerzeichen-Triplizität: Widder, Löwe, Schütze
- Luftzeichen-Triplizität: Waage, Wassermann, Zwillinge
- Wasserzeichen-Triplizität: Krebs, Skorpion, Fische
- Erdzeichen-Triplizität: Steinbock, Stier, Jungfrau

Uranus, Neptun und Pluto werden nicht berücksichtigt, da sie zu Morins Zeiten und noch nicht bekannt waren.

Nach Morin hat der Tagesherrscher-Planet einer Elementen-Triplizität seine Erhöhung und sein Domizil in einem Zeichen dieses Elementes.

Der Nachtherrscher einer Triplizität ist der Planet, der sein Domizil im kardinalen Zeichen dieser Triplizität hat.

Der Mitherrscher ist der dritte Herrscherplanet, der zur gleichen Triplizität gehört.

Element	Tag	Nacht	Mitherrscher Tag und Nacht
Feuer	☉	♂	♃
Luft	♄	♀	☿
Wasser	♃	☽	♂
Erde	☿	♄	♀

Morin schreibt in ASTROLOGIA GALLICA, Buch 15, Kapitel 9:

Die spezielle Vorherrschaft eines Triplizitätsherrschers (Trigonherrschers) sollte durch die folgenden Regeln definiert werden.

1. Der im Trigon (Triplizität) anwesende Planet sollte einem abwesenden vorgezogen werden.

2. Derjenige Planet, der sich über der Erde befindet, sollte dem vorgezogen werden, der sich darunter befindet.

3. Ein Tagplanet sollte, wenn er sich über der Erde befindet, bei Tag bevorzugt werden, und ein Nachtplanet bei Nacht.

4. Ein Tagplanet hat bei Nacht eine sekundäre oder geringere Hauptkraft und ein Nachtplanet bei Tag, wenn sie sich jeweils über der Erde befinden.

5. Wenn Tag- und Nachtplaneten beide unter der Erde positioniert sind, werden die Tagplaneten bei Tag und die Nachtplaneten bei Nacht bevorzugt.

6. Wenn zwei Planeten im Zeichen ihres eigenen Trigons (Triplizität) eine Konjunktion bilden, sollte der Zeichenherrscher anstelle des Trigonherrschers bevorzugt werden.

7. An der Stelle einer Sonnenfinsternis oder eines Signifikators sei der Zeichenherrscher der Sonnenfinsternis oder der Zeichenherrscher des Signifikators bevorzugt, besonders wenn er sich über der Erde und in seinem Trigon (Triplizität) befindet und diese Stelle aspektiert.

8. Der Mitherrscher des Herrschers, der beide, bei Tag und Nach,t regiert, wird herrschen, wenn er sich über der Erde befindet. Wenn er sich unter der Erde befindet, erlangt er entweder bei Tag oder bei Nacht die Herrschaft.

Dabei gilt als grundlegende Regel: Der Stärkere muss immer dem Schwächeren vorgezogen werden.

Die Freuden der Planeten

Haus 1	Haus 3	Haus 5	Haus 6	Haus 9	Haus 11	Haus 12
☿	☽	♀	♂	☉	♃	♄

Die *Freuden* der Planeten gehören zu den weniger starken Planetenwürden, dennoch sollte man sie beachten: Ein Planet steht in Freuden, wenn er sich in einem Haus aufhält, indem er sich besonders gut entfalten kann.

Aus dem Leben von Jean-Baptiste Morin

Obwohl Jean-Baptiste Morin (*23. Februar 1583 in Villefranche-sur-Saône, † 6. November 1656 in Paris) aus einem wohlhabenden Hause stammte, war seine Kindheit nicht unbeschwert. Als er zwölf Jahre alt war, erkrankte der Vater schwer und verstarb. Kurze Zeit später folgte ihm die Mutter, welche die Geburt eines Kindes nicht überlebte und hinterließ den Jungen als Vollwaise. Morin selbst resümierte in seinen Schriften später, der Vater habe sich zwar nie für ihn interessiert, ihm jedoch auch nichts zuleide getan. Die Mutter hingegen sei unfair gewesen. Vielleicht kam er zu diesem Urteil, weil sie ihn nach einem heftigen Streit enterbt hatte.

Nach dem Tod der Eltern wurde der junge Jean-Baptiste in die Obhut eines Vormunds gegeben, um schließlich mit sechzehn Jahren in Aix und Avignon Medizin zu studieren. Nach seinem Abschluss als Doktor der Medizin trat er in den Dienst des Bischofs von Boulogne. Die Arbeit als Mediziner machte ihn nie wirklich glücklich, dennoch blieb er für zehn Jahre dessen Leibarzt. Dieser sandte ihn für einige Zeit zum Bergbaustudium nach Deutschland und Ungarn, wo er den schottischen Alchemisten und Astrologen Davidson traf, der ihn in diese Kunst einführte. Nach seiner Rückkehr verwandte ihn sein Dienstherr deshalb auch als Astrologe.

Morin selbst bezeichnete die Zeit zwischen seinem 16. und 46. Lebensjahr als »permanente Sklaverei«. Astrologisch verstand er sie als Folge der Ansammlung von Planeten im »Tal der Sorgen«, womit er das zwölfte Haus in seinem Geburtshoroskops meinte.

Während dieser Jahre diente er nacheinander nicht weniger als sechzehn Meistern, meist als Leibarzt, und gab schließlich jeden auf, um nicht Schaden zu erleiden, wie er sagte. Einige verließ er, weil er die Arroganz ihrer Frauen nicht ertragen konnte, was er astrologisch mit Venus und Mond in seinem 12. Haus als ein Zeichen für sein Unglück mit Frauen begründete. Manchmal verließ er seine Herren auch wegen unvorhergesehener Umstände, wie er es nannte.

Unter seinen Bediensteten gab es ebenfalls beständigen Wechsel und spätestens hier wird deutlich: Mit Morin war schwer auszukommen. Später waren unter seinen Kontrahenten so berühmte Namen wie Galileo oder Descartes. Besonderes unsympathisch war ihm Kardinal Richelieu, in dessen Dienste er längere Zeit stand und auf den er in seiner ASTROLOGIA GALLICA immer wieder zu sprechen kommt.

Der einflussreiche Kardinal mochte ihn zwar persönlich ebenso wenig, schätzte aber seine Kompetenz als Astrologe. Für den französischen Hochadel galt dies gleichermaßen. Die Namen seines

Pariser Klientel liest sich wie das »Who is who?« seiner Zeit, an dessen Spitze Louis XIII. stand. Zur Geburt seines Sohnes, des späteren Sonnenkönigs Louis XIV., nahm ihn Richelieu höchstpersönlich mit ins Schlafzimmer der Königin, um die genaue Geburtszeit festzuhalten.

Bei der Königin von Schweden und der Königinmutter Marie de Médicis stand Morin über Jahre hinweg in besonderem Ansehen. Letztere verschaffte ihm ein respektables Einkommen, womit er sich ein Landgut kaufen, zwei seiner Cousinen in einem Kloster versorgen und eine dritte heiraten konnte. Darüber hinaus ermöglichte sie ihm eine Professur für Astrologie, Mathematik und Medizin am College de France. Wegen seiner Gelehrsamkeit und seinem überaus großen Bedürfnis nach Ruhm empfand er sie als angemessen, wie er sagte. Auch hier ließ er keine Gelegenheit aus, sich in fachliche Auseinandersetzungen zu verwickeln, zum Beispiel als eiserner Verfechter des allmählich als überholt geltenden geozentrischen Weltbildes.

Seine Reizbarkeit mag einer der Gründe sein, warum seine umfangreiche Arbeit über die Berechnung der Längengrade als Hilfe für die Schiffs-Navigation nicht die volle Anerkennung von Richelieu erlangte.

Als astrologischer Prognostiker war Morin legendär, wobei er sich gemäß seiner Art keineswegs bei zimperlichen Umschreibungen aufhielt. Die beliebteste Anekdote ist die folgende: König Louis XIII. sagte man eine besondere Vorliebe für attraktive Jünglinge nach, weshalb Kardinal Richelieu ihm den noch sehr jugendlichen Herzog d'Effiat zuführte, der fortan für den Kardinal als Einflussgeber fungierte.

Anlässlich eines Banketts machte sich der Günstling über Morin lustig und bat ihn um eine prognostische Kostprobe betreffs seines Schicksals. Morin, der sich über die Arroganz des eitlen Herzogs ärgerte, zögerte nicht, ihm vor der gesamten Gesellschaft eine unehrenhafte und öffentliche Enthauptung zu prophezeien, worüber alle lachten – *außer* Kardinal Richelieu, der das Geschehen mit stoischer Miene verfolgt hatte.

Drei Jahre später geschah das Ereignis genauso, wie es Morin vorhergesagt hatte. Es war ein Werk des Kardinals, das dieser hinter dem Rücken des Königs von langer Hand vorbereitet hatte. Dem Urteil zugrunde lag der Vorwurf, Herzog d'Effiat habe eine Verschwörung gegen Richelieu angezettelt. Morin hatte von alledem nichts gewusst. Der Kardinal erinnerte sich allerdings an seine Vorhersage und verpflichtete ihn für seine Dienste.

Im Oktober 1656 kündigte ein Chiromant Morin den nahen Tod an, obwohl dieser sich guter Gesundheit erfreute. Sein einziger Kommentar daraufhin war, er sei sich dessen bewusst, dass der folgende Monat zweifellos seinen Tod bringe. – Einige Tage später wurde er von Fieber überwältigt. Als ihn die Ärzte verzweifelt versuchten zu retten, beruhigte er sie mit dem Hinweis, er wisse von den Sternen, dass seine Zeit gekommen sei. Am 6. November 1656 starb Jean-Baptiste Morin in Paris im Alter von 73 Jahren.

Als schriftliches astrologisches Werk hinterließ Morin die ungefähr 800-seitige ASTROLOGIE GALLICA, an der er dreißig Jahre lang geschrieben hatte. Die Drucklegung des Meisterwerks erfolgte erst nach seinem Tode 1661 in Gravenhage, dem heutigen Den Haag, in lateinischer Sprache. Finanziert wurde die Herausgabe von Prinzessin Marie Louise von Gonzaga, der späteren Königin von Polen.

Mit Aufkommen des neuen, kopernikanischen Weltbildes wurde die seitherige Sternkunde und Astrologie im Zeitalter der Aufklärung zunehmend als veraltet und unwissenschaftlich angetan und geriet ins Abseits. Schließlich ging der Gründer der Académie française, Minister J. B. Colbert, 1666 persönlich gegen die Astrologie vor. Ihr Studium war den Mitgliedern der Akademie fortan verboten und einige Zeit später wurden durch König Ludwig XIV. die Veröffentlichungen von astrologischen Kalendern und Almanachen in ganz Frankreich untersagt.

Mehr als zwei Jahrhunderte blieb die in Latein verfasste ASTROLOGIE GALLICA Studieninhalt lediglich weniger Astrologen, obwohl Morins Name unter ihnen höchsten Respekt genoss. In England, wo selbst William Lilly eine Kopie seines Werkes besaß, entfaltete die Übersetzung seines Buches größeren Einfluss.

Erst als Ende des 19. Jahrhundert Henri Selva daraus das Buch XXI ins Französische übersetzte, begannen Astrologen das Werk neu zu entdecken. Auch heute noch gilt Jean-Baptiste Morin de Villefranche als einer der ganz Großen seiner Kunst.

Glossar astrologischer Fachausdrücke

Akzidentielle Determination: Akzidentiell = die Qualität eines Planeten, die sich durch die kurzfristig aktuelle Haus- und Bewegungsposition ergibt. Die akzidentielle Determination eines Planeten ist die ihr zufallende und vorübergehende Bestimmung. Dabei geht es meist um die Hausstellung und Aspekte, zu denen auch die Verbrennung und Cazimi gehören, sowie die Direkt- oder Rückläufigkeit. Im Gegensatz dazu berücksichtigt die essentielle Determination oder Bestimmung die über einen längeren Zeitraum andauernde Stellung im Tierkreiszeichen.

Essentielle Determination = grundlegende Prägung durch das Tierkreiszeichen.

Akzidentielle Determination = kürzer andauernde Prägung durch die Haus- und Bewegungsposition (Aspekte, Geschwindigkeit).

Akzidentiell, essentiell: »Alles, was akzidentiell ist, ist äußerlich und von den Umständen oder augenblicklichen Gegebenheiten abhängig. Alles Essentielle kommt aus dem Wesen einer Sache. Eine essentielle Würde ist eine, die das Wesen einer astrologischen Energie von innen heraus verstärkt.

Eine akzidentielle Würde ist eine astrologische Energie, die von den äußeren Umständen sowie von den momentanen Gegebenheiten der Umgebung abhängt und die sie verstärkt.

Dies ist eine äußerst wichtige Unterscheidung. Ihre Nichtbeachtung hat die Klarheit und Wirksamkeit der astrologischen Interpretation erheblich beeinträchtigt«.[22]

Antiszien: Spiegelpunkte, die sich durch die symmetrische Spiegelung von Planeten um die Achse 0°-Krebs/0°-Steinbockergeben.

Aspekte: Morin verwendet die ptolemäischen Aspekte: Konjunktion, Opposition, Trigon, Quadrat und Sextil. Ihre Stärke entspricht der genannten Reihenfolge. Dabei nimmt die

---

[22] Robert Hand in Schöner, Johannes: *Opusculum Astrologicum*, Volume IV, Project Hindsight, The Golden Hind Press, Berkeley Springs 1994.

Konjunktion für Morin eine Sonderstellung ein, von der alle anderen ausgehen. Darüber hinaus verwendet er zusätzlich 30° (Halbsextil) und 150° (Quinkunx). Diesen beiden Aspekten schreibt er eine schwach negative Qualität zu.

- *Applikativ*: Ein Aspekt, der mit fortschreitender Zeit genauer wird, dabei läuft der schnellere Planet auf den langsameren zu.
- *Dexter*: (lat. rechts, rechtsläufig, licht). Der Planet, zu dem der Aspekt hinzielt, geht dabei vor dem anderen im Osten auf. Schiebt man den ersteren Aspektplaneten in den AC, steht der andere bei einem rechten Aspekt über ihm. Wenn der ins Ziel genommene Planet unter ihm, im Beispiel unter dem AC steht, handelt es sich um einen »linken« oder Sinister-Aspekt. Dexter und Sinister gehören zu den akzidentielle Würden. Der Dexter gilt als hell, positiver, stärker und dominant gegenüber dem »dunklen« Sinister-Aspekt.
- *Feralis*: (lat. Wild). Ein unaspektierter Planet ist ungezähmt und wild, weil er nicht über Aspekte direkt in die Gemeinschaft der Planeten mit eingebunden ist. Er handelt nur in Übereinstimmung mit seiner eigenen Natur, insbesondere, wenn er in seinem Domizil steht. Jeder unaspektierte Planet zeigt etwas Ungewöhnliches an und überrascht.
- *Partile*: von »parts« oder »part« = Teil oder Grad. Der Orbis dieses Aspekts beträgt bis zu 1° und gilt in der Regel nur innerhalb eines Zeichens.
- *Separativ*: Dieser Aspekt war schon exakt, so dass sich der schnellere Planet mit fortschreitender Zeit vom langsameren wieder entfernt.
- *Sinister*: (lat. »links«, »linksläufig« und auch »finster«). Ein Aspekt, der in die gleiche Richtung wie die Reihenfolge des Tierkreises verläuft. Er ist akzidentiell schwächer und hinderlich im Verhältnis zum Dexter.

Caelum: Das lateinische Wort *Caelum* (lat. Himmel), das Morin auf den tropischen Tierkreis und die Tierkreiszeichen-Platzierung von Sonne, Mond, Planeten und Fixsternen in einem bestimmten Moment bezieht.

Dekane: Sie untergliedern den Tierkreis in 36 gleich große Abschnitte zu je 10°. Morin verwirft ihre Deutung.

Essentielle Determination: Bezieht sich auf die Zeichenposition eines Planeten. Wörtlich: essentiell = vom »Wesen« des vorliegenden Tierkreiszeichens her. Daraus ergeben sich die wichtigsten Würden eines Planeten: Domizil, Erhöhung und Triplizität. Im Gegensatz dazu können Planeten sich auch im Exil, Fall oder in peregriner Stellung steht. Letztere befinden sich außerhalb jeglicher Würde.

Facies: In der arabischen Tradition der Astrologie wird ein Dekan als »*Gesicht*« bezeichnet.

Hierbei wird jedem Dekanat nicht nur ein Planet als Herrscher zugeordnet, sondern auch noch eine genau Beschreibung von festgelegten Eigenschaften gegeben.

Fines: Sie gliedern die Tierkreiszeichen in fünf ungleich große Abschnitte, die Ptolemäus ausführlich beschreibt.

Lokale Determination: Sie beschreibt den irdischen Zustand, der vor allem durch die Stellung des Planeten in einem Haus gekennzeichnet wird.

Mondpause: Man spricht auch von einem Void-of-course-Mond oder Leerlaufmond. Der Lauf des Mondes durch ein Tierkreiszeichen dauert zwei bis zweieinhalb Tage. Die von dem letzten letzten Hauptaspekt des Mondes bis er dieses Zeichen verlässt heißt Mondpause. Er befindet sich sozusagen im Leerlauf.

Östlich oder westlich der Sonne: Östlich oder oriental stehen Planeten, die *vor* der Sonne aufgegangen sind, westlich oder occidental gehen sie *nach* der Sonne unter. Der Mond westlich: die Mondphase zwischen Konjunktion und Opposition zur Sonne, das heißt zunehmend.

Primärhäuser: Die zwölf Tierkreisabschnitte oder -zeichen.

Primum Caelum: Morins Weltbild und Denkweise ist rein geozentrisch. Das *Primum Caelum* ist die Fixsternsphäre, die sich am weitesten entfernt um eine als unbeweglich gedachte Erde dreht. Die Kraft, welche die Drehung des Himmelsraumes um die Erde verursacht, wird als *Primum Mobile* bezeichnet.

Raum: Morin verwendet häufig das Wort »Raum« als Synonym für »Haus«.

Revolution: Die Wiederkehr von Sonne, Mond oder einem Planeten an den Tierkreisort des Ausgangs.

Stellium: Eine Planetenballung, bei der mehr als zwei Planeten in einem Haus oder Zeichen zusammenstehen. Dadurch erfahren das Haus und Hausthema eine besondere Betonung.

Sublunare Welt: Gemäß Aristoteles und der Denkweise des Mittelalters und seiner Zeit unterschied es die geozentrisch gedachte Welt in zwei Sphären: die himmlische, die durch den Menschen nicht beeinflusst werden kann, und die sublunare unterhalb des Mondes. Gemäß den Elementen gibt es die vier sublunaren Sphären: die des Feuers, der Luft, des Wassers und der Erde. Sie gehören zum Lebensbereich des Menschen und der Natur.

Triplizität (Trigone) der Häuser von Morin: *„Die erste und einfachste Aufteilung des Himmels in vier Hauptabschnitte ist eine natürliche. Jeder der vier Kardinalteile des Himmels fordert seine eigene Natur heraus. Durch die vier Triplizitäten (Trigone) ist der Himmel in zwölf Teile unterteilt, die Häuser genannt werden."*

1. Triplizität: AC und 1. Haus, 9. Haus, 5. Haus; Triplizität des Lebens und Seins.
2. Triplizität: MC und 10. Haus, 6. Haus, 2. Haus; Triplizität des Handelns und Gewinns.
3. Triplizität: DC und 7. Haus, 3. Haus, 11. Haus, Triplizität der Ehe und Liebe.
4. Triplizität: IC und 4. Haus, 12. Haus und 8. Haus; Triplizität der Leidenschaft, des Elends und Todes.

Triplizität der Tierkreiszeichen: Jeweils eine Dreiheit von Tierkreiszeichen, die gemeinsam einem Element angehören. Verbunden sind sie durch Trigon-Aspekte. Dies ergibt im Tierkreis vier Dreiheiten:

Feuertriplizität: Widder, Löwe, Schütze
Lufttriplizität: Waage, Wassermann, Zwillinge
Wassertriplizität: Krebs, Skorpion, Fische
Erdtriplizität: Steinbock, Stier, Jungfrau.

Literatur

Crane, Joseph: A Practical Guide to Traditional Astrology, Arhat Publications, Reston, 2007.

Die Heilige Schrift des Alten und Neuen Testaments, Verlag der Züricher Bibel, Zürich 1955.

Gil Brand, Rafael: Lehrbuch der klassischen Astrologie, Chiron Verlag, Mössingen 2000.

Hand, Robert: Das Buch der Horoskopsymbole, Hugendubel, München 1990.

Knappich, Wilhelm: Geschichte der Astrologie, Vittorio Klostermann, Frankfurt a. M. 1988.

Lilly, William: Christliche Astrologie, Buch 3, Chiron Verlag, Tübingen 2008.

Little, Lucy: Astrosynthesis (Morins Buch XXI), Zoltan Mason, Emerald Books, New York 1974.

Morin, Jean-Baptiste: Astrologia Gallica: Principiis & Rationibus Propriis Stabilita, Atque in XXVI Libros Distributa. Non Solum Astrologiae Judiciariae Studiosis, Sed Etiam Philosophis, Medicis, & Theologis. Druckerei Adriani Vlacq., Gravenhage, 1661; ETH-Bibliothek Zürich.

Morin de Villefranche, Jean-Baptiste: Astrologia Gallica. American Federation of Astrologers, Inc., Tempe 2004–2008:

- Book 14, The Prime Physical Cause and the Division into Twelfths, Transl. J. H. Holden.
- Book 15, The Essential Dignities of the Planets, Transl. J. H. Holden.
- Book 17, The Astrological Houses, Transl. J. H. Holden
- Book 21, The Morinus System of Horoscope Interpretation, Transl. R. S. Baldwin.

Morin de Villefranche, Jean-Baptiste: Astrologia Gallica, Buch XXI, Chiron Verlag, Mössingen 1997.

Morin de Villefranche, Jean Baptiste: The Cabal of the Twelve Houses Astrological, from Morinus (1628), Translated by G. Wharton 1659

Ptolemaeus, Claudius: Tetrabiblos, Chiron Verlag, Tübingen 2012.

Ptolemaeus, Claudius: Tetrabiblos, Buch I–IV, samt der hundert Aphorismen, Linser-Verlag, Berlin-Pankow 1923.

von Pronay, Alexander: Astrologische Direktionen – verständlich und praktisch, Rohm Verlag, Bietigheim 1983.

Schwickert, Friedrich (Sindbad), Weiß, Dr. Adolf: Bausteine der Astrologie Bd. 1–3, Otto Wilhelm Barth-Verlag, München 1925.

Schultz, Joachim: Rhythmen der Sterne, Verlag am Goetheanum, Dornach 1985.

Selva, Henri: La théorie des déterminations astrologiques de Morin de Villefranche, Paris, Éditions Traditionelles 1976. [Nouvelle édition]

van Slooten, Erik: Klassische Horoskopdeutung, Chiron Verlag, Tübingen 2005.

van Slooten, Erik: Traditionelle Horoskopdeutung, Chiron Verlag, Tübingen 2014.

von Stuckrad, Kocku: Geschichte der Astrologie, C. H. Beck, München 2003.

Verwendete Astrologie-Programme

HERMES Professional für Windows, 2011–15: für Berechnungen und Schaubilder

Astroplus Professional Edition, Astrocontact Software, Version16.3.2., 2000–2019

Astrowiki bei: https://www.astro.com

Callanan, Thomas: The Astrology of Jean Baptiste Morin, www.skyscript.co.uk/morin.html

Holden, James H.: A biography on Jean-Baptiste Morin, www.forumonastrology.com

MANFRED MAGG

Traditionelles Handlesen

Die Chiromantie und Astrologie von Johannes Rothmann
160 Seiten, Paperback,
48 s/w Abbildungen
ISBN 978-3-89997-275-7

Dieses Buch wurde im 16. Jahrhundert geschrieben und ist ein frühes Zeugnis, wie man Astrologie mit Chiromantie verbindet. Dabei betrachtet der Arzt und Mathematiker J. Rothmann die individuellen Anlagen, wie sie sich aus der Hand und dem Horoskop ergeben. Neben einer grundlegenden Darstellung der Handmerkmale, geht er in den zahlreichen Beispielen auf die wichtigen Eigenschaften und Ereignisse im Lebenslauf ein. In ihrer Art ist diese Schrift einzigartig, ein Meilenstein und gewichtige Anregung für zukünftiges Wissen. Manfred Magg übertrug den Text in modernes Deutsch und kommentierte ihn. Dadurch entstand ein Handbuch zu den traditionellen Grundlagen des Handlesens und wie man sie mit Astrologie kombiniert.

»Das vorliegende Werk ist durch die Aufbereitung von Manfred Magg ein gut verständliches Nachschlagewerk und einzigartiges Handbuch der Chiromantie unter Einbeziehung der klassischen Astrologie«

Astrologie Heute Nr. 210